INHALT

VORWORT

Die Bibel, Gottes Wort, fasziniert mich! Sie zeigt mir, wer Gott ist. Sie erklärt mir, wie ich eine Beziehung zu ihm bekommen kann, die mein Leben erfüllt und glücklich macht. Ist es nicht erstaunlich, dass Gott sich um uns unbedeutende Menschen, Bewohner eines klitzekleinen Planeten im riesigen Weltall, kümmert? Und dass er sogar seinen Sohn auf unsere Erde geschickt hat?

James Irwin, der mit der Apollo 15 im Jahr 1971 auf dem Mond landete, sagte einmal: »Viel wichtiger, als dass ein Mensch auf dem Mond spazieren ging, ist die Tatsache, dass Gott auf der Erde war.«[1] Unfassbar, der Schöpfer des ganzen Universums ist in unsere Welt gekommen und kümmert sich um meine Probleme!

Dieses Heft habe ich in erster Linie für Frauen und Mädchen geschrieben, die ihr Leben mit und für Jesus leben möchten. Für solche, die sich in allen Lebensbereichen nach Gottes Willen ausrichten wollen – auch im Umgang mit der eigenen Sexualität und den sexuellen Reizen, die tagtäglich auf uns einströmen. Doch sicher ist es auch hilfreich für Frauen, die noch keine Beziehung zu Gott haben, sich mit diesem Thema auseinanderzusetzen.

Folgende Begebenheit finde ich bezeichnend: Vor ein paar Wochen erzählte mein Vater in einer Wartehalle auf dem Düsseldorfer Flughafen seinem Freund, einem erfahrenen Missionar, dass ich gerade an einem Manuskript über »Pornografie bei Frauen« schreibe. Der Freund war völlig überrascht und antwortete erschrocken mit seiner lauten, unüberhörbaren Stimme: »Pornografie bei Frauen? Das habe ich ja noch nie gehört!« Daraufhin drehten sich einige Passanten neugierig und wohl auch etwas entsetzt nach den beiden Männern um ...

Wahrscheinlich wird es vielen, die dieses Heft lesen, genauso gehen. Sie sind erstaunt und entsetzt, dass es Frauen gibt, die auf sexuellem Gebiet große Probleme haben und mit unguten Fantasien, Selbstbefriedigung oder Pornografie kämpfen. Doch andere werden nicht erstaunt sein, sondern eher erleichtert, weil endlich ein Thema angesprochen wird, das ihnen schon lange zu schaffen macht.

Jeder von uns hat eigene Kämpfe und Probleme, doch Gott will uns durch seine Wahrheit helfen und uns frei machen von dem, was uns belastet. Auch wenn ich im Folgenden den Umgang mit sexuellen Versuchungen behandele, so lassen sich die dargelegten Prinzipien auch auf alle anderen Lebensbereiche anwenden, in denen wir Versuchungen der Sünde erleben.

Eigentlich ist Schreiben gar nicht meine Stärke; viel lieber rede ich persönlich mit Menschen. Doch ich glaube, das Thema dieses Heftes wird so sehr totgeschwiegen, dass es wichtig ist, auch auf diesem Wege darauf aufmerksam zu machen. Probleme im Bereich Selbstbefriedigung und Pornografie sind eben nicht nur Männerprobleme, sondern betreffen auch viele Frauen und Mädchen. Deshalb möchte ich gerne

- den betroffenen Mädchen und Frauen helfen,
- Nichtbetroffene schützen und stärken,
- Christen ermutigen, andere in diesem Bereich zu unterstützen.

Ich bete, dass das Geschriebene dir in deiner persönlichen Lebenssituation weiterhilft oder dich dazu ermutigt, anderen zu helfen, die auf diesem Gebiet zu kämpfen haben.

Debora Bühne

Marienheide, im Januar 2019

»Weil du teuer,
wertvoll bist
in meinen Augen und
ich dich lieb habe ...«

Jesaja 43,4a

DIE GANZ GROSSE LIEBE

Glaubst du an die ganz große Liebe? Dass es den Einen gibt, der dich für immer lieben und glücklich machen wird? Der dich sogar trotz all der Dinge liebt, die du krampfhaft vor anderen zu verbergen suchst? Glaubst du an Liebe auf den ersten Blick? Ich habe diese Art von Liebe noch nicht selbst erlebt, aber schon von einigen Menschen gehört, die sich auf den ersten Blick ineinander verliebt und später auch geheiratet haben. Ob diese Beziehungen auch langfristig gut sind, bleibt abzuwarten, denn keine Beziehung läuft einfach so, ohne dass man bewusst daran arbeitet.

Wovon ich aber überzeugt bin: Es gibt die ganz große Liebe. Und es gibt »Liebe auf den zweiten Blick«. Doch erstmal zurück an den Anfang der Menschheitsgeschichte:

UNSER *Erfinder*

Gott ist unser Erfinder. Er hat sich uns ausgedacht. Dadurch weiß er ganz genau, wie wir funktionieren, wie wir ticken. Er kennt uns Menschen durch und durch – auch dich. Er weiß genau, wie deine Organe funktionieren, deine Nerven, dein Gehirn. Er weiß auch, wie deine Psyche gestrickt ist.[2] Sowohl das, was wir Menschen schon über uns selbst herausgefunden haben, als auch das, wovon wir noch gar keine Ahnung haben, kennt der Schöpfer bis ins kleinste Detail. Er weiß genau, was dir guttut und was dir wehtut, was dich verletzt und was dir schadet. Er ist der Schöpfer, der dich genau so, wie du bist, gewollt und geschaffen hat.

Wenn Gott sich so gut mit dir auskennt, ist es dann nicht sinnvoll, nach seiner Meinung und seiner Absicht mit deinem Leben, deiner Liebe und Sexualität zu fragen?

EINE NEUE *Erfindung*

Stell dir vor, jemand aus deinem Bekanntenkreis erfindet eine neue Maschine. Es ist ein richtiges Wunderwerk, denn diese Maschine kann deine Hausaufgaben machen, das ganze Haus aufräumen und sogar tolle Frisuren kreieren. Du bekommst die Maschine geschenkt und bist total begeistert. Sofort liest du die Betriebsanleitung. Da steht, dass die Maschine Strom braucht, und so steckst du den Netzstecker in die Steckdose – und kommst natürlich nicht auf die Idee, irgendwo Benzin in die Maschine zu schütten. Und wenn das Wunderwerk doch mal Probleme macht, dann fragst du nicht deine beste Freundin um Rat, sondern schaust in dieser Anleitung des Konstrukteurs nach.

Auch für uns Menschen gibt es eine Betriebsanleitung des Erfinders: Gottes Wort, die Bibel. Dort finden wir Prinzipien und Regeln, die uns weiterhelfen und uns schützen. Dort erfahren wir, wer wir sind und wozu wir überhaupt geschaffen wurden. Auch zu den Themen Liebe und Sexualität sagt die Bibel sehr viel. Ich bin froh darüber, denn gerade in diesen Lebensbereichen haben Menschen extrem unterschiedliche Ansichten. Wie gut ist es, dass wir die verlässlichen Aussagen unseres Schöpfers haben!

DER *Schutz* DER SEXUALITÄT

Die Bibel zeigt, dass Sexualität etwas sehr Gutes und Schönes ist. Sie ist aber auch verletzlich und gehört deshalb in den Schutz der Ehe, wo aus einem Mann und einer Frau eine neue Einheit entsteht.[3] Innerhalb des verbindlichen Schutzrahmens »bis dass der Tod euch scheidet« können Mann und Frau sich vertrauensvoll einander hingeben und erfüllende Sexualität erleben.

Diese Verbindlichkeit ist unter anderem für die Psyche der Frau sehr wichtig, da sie sich dann ihrem Mann hingeben kann ohne die Angst, nur benutzt, verletzt und irgendwann verlassen zu werden. Gott weiß, dass vor allem wir Frauen für eine schöne Intimität die Gewissheit brauchen: Dieser Mann hat sich verbindlich für mich entschieden und sich auf mich festgelegt. Er will mich und keine andere.

Wem GLAUBST DU?

Viele unserer Mitmenschen bezweifeln aber, dass die Festlegung auf einen einzigen Menschen wirklich gut ist:

- »Man muss doch erst einmal testen, wer zu einem passt.«
- »Wo bleibt denn da der Spaß?«
- »Ist es nicht einschränkend, sich nur auf einen Partner festzulegen?«
- »Wozu heiraten, wenn man sich doch liebt?«
- »Es ist doch lächerlich, vor der Ehe mit niemandem zu schlafen.«
- »Du musst dich ausprobieren.«

Bestimmt hast du solche Meinungen auch schon gehört oder selbst so gedacht.

Ganz am Anfang der Welt, kurz nach der Schöpfung, war das auch schon so. Der Teufel wollte den Menschen von Gott entzweien. Um das zu erreichen, stellte er das infrage, was Gott gesagt hatte.[4] Und leider fiel erst Eva und dann auch Adam auf seine Lüge herein. Sie glaubten dem Teufel mehr als Gott und übertraten sein Gebot.

Wenn es darum geht, was richtig ist und was dir guttut, wem glaubst du dann? Dem Teufel, der immer ein Lügner und Zerstörer ist?[5] Oder Gott, der nicht nur dein Erfinder, sondern auch die Liebe in Person ist?[6]

DIE WELT DER *unbegrenzten* MÖGLICHKEITEN

Wir Frauen in Europa haben es unglaublich gut. Wir können Berufe ergreifen, die uns Spaß machen, wir haben die Möglichkeit, zu studieren, Auto zu fahren, an politischen Wahlen teilzunehmen, schönen Hobbys nachzugehen, Sport zu machen und vieles mehr. Wir werden nicht zwangsverheiratet oder von unseren Eltern schon als kleine Kinder »versprochen«, sondern dürfen auch in diesem Bereich selbst entscheiden.

WER BESTIMMT DEINEN *Wert?*

Aber trotz unserer Freiheit und unseres Wohlstands ist nicht alles perfekt. Viele Mädchen und Frauen fühlen sich unsicher oder wertlos. Die Reaktionen auf dieses Gefühl sind unterschiedlich. Manche fangen an zu hungern, in der Hoffnung, abzunehmen und attraktiver zu werden. Andere kaufen ständig neue Klamotten, um sich »aufzuwerten«. Wieder andere flirten viel und genießen es, Beachtung von Männern zu bekommen.

Doch Gott will uns so viel mehr geben als nur ein paar kleine »glückliche« Momente! Er will uns dauerhaft glücklich machen. Für ihn brauchen wir nicht zu versuchen, uns wertvoller zu machen, denn für ihn SIND wir wertvoll. Du bist für ihn wertvoll. So über die Maßen wertvoll, dass er das Kostbarste, das er hatte, nämlich seinen Sohn, für dich gab.[7]

DER *Lügner* UND ZERSTÖRER

Zum Glück werden die wenigsten von uns durch gewalttätige Männer, Kriege oder Hungersnöte in Gefahr gebracht. Doch wir alle sind Zielscheibe für die Angriffe des Teufels. Der will uns immer wieder einreden, wir seien wertlos und müssten deshalb aktiv werden, uns selbst verwirklichen und in Szene setzen, um besser dazustehen und uns besser zu fühlen: »Genieße das Leben aus vollen Zügen! Nimm dir alles, was du haben willst!« Der Teufel redet uns ein, dass wir uns vor allem um uns selbst kümmern müssten: »Denk an dich, denk an dich, denk an dich« – das ist seine Botschaft. Mit anderen Worten: »Lebe den ganzen Tag deinen Egoismus aus. Dreh dich ständig um dich selbst. Befriedige alle deine Bedürfnisse sofort.« Und: »Du brauchst menschliche Anerkennung, und wenn du die nicht bekommst, dann musst du diese Abweisung ausgleichen und dich selbst belohnen.«

BILDER IN ALLEN *Variationen*

Dieses Prinzip der Ichbezogenheit möchte der Teufel in unserem ganzen Leben durchsetzen, auch in der Sexualität. Ununterbrochen werden wir mit seinen Vorstellungen von Liebe und Sexualität konfrontiert. Auf Plakaten, in der Werbung, in Filmen und Büchern und auch im Internet. Überall werden wir animiert: »Nimm dir, was du willst und wann du es willst. Nur dann wirst du dich gut fühlen.«

Ständig werden wir mit erotischen Bildern konfrontiert, ob in Schaufenstern, auf Zeitschriften oder Werbetafeln. Oder wir stolpern bei Instagram, YouTube oder Snapchat und Co über entsprechende Inhalte, die uns neugierig auf mehr machen. Selbst wenn wir vieles davon eigentlich abstoßend finden, gehen von diesen Bildern doch starke Anziehungskräfte aus.

Was machst du mit solchen Bildern? Was tust du, wenn du unbeobachtet bist? Hast du dir auch schon erotisches Material angeschaut und dich anschließend miserabel gefühlt?

Aus Alicias[46] Tagebuch:

19.01.2018

»Ich begann, wie in jeder Klausurphase, gleich morgens früh mit dem Lernen. Wie erwartet kamen mir wieder Gedanken wie: ›Du könntest dir jetzt einfach ein paar Bilder im Internet anschauen. Du kannst sie ja gleich wieder wegklicken. Nur eine kurze Ablenkung vom Lernstress. Das hast du dir verdient.‹ Die ersten Male schob ich die Versuchung erfolgreich zur Seite und machte mir bewusst, dass ich mir noch kurz vorher vorgenommen hatte, das nicht mehr zu tun. Doch irgendwann schob ich bewusst alle Argumente, die für die Treue zu Gott und gegen die Sünde sprachen, zur Seite und gab der Versuchung nach. Ich öffnete zum x-ten Mal eine dieser Seiten im Internet und fühlte mich direkt schmutzig. Hundert Gedanken schossen mir durch den Kopf: ›Du hast es wieder versaut.‹ ›Glaubst du wirklich, dass Gott dir noch vergeben kann?‹ usw. Ich fühlte mich schmutzig, dreckig, einfach eklig, und stellte wieder fest: Es hat sich einfach nicht gelohnt ...«

14.02.2018

»Nach dem Mittagessen beschloss ich, eine Serie zu gucken, und merkte schnell, dass ich mich gehen ließ. Doch es war mir egal, weil ich keine Lust hatte zu lernen. Als die Serie vorbei war, war meine Motivation, mich an den Schreibtisch zu setzen, natürlich nicht größer geworden. Also vertrödelte ich Zeit im Internet, als mir der Gedanke kam, mir Videos anzugucken. Es würde toll sein, redete ich mir ein, doch ich wusste, ich würde es nachher bereuen. Und doch öffnete ich eine dieser Seiten. Ich ekelte mich vor dem Video und wenig später auch vor mir selbst. Ich frage mich, warum ich immer wieder diese Dinge tue, von denen ich doch weiß, dass sie mich kaputtmachen und meine Beziehung zu Gott beeinträchtigen. Warum mache ich so etwas?«

DER ERSTE UND DER ZWEITE BLICK

Im Mai 2012 ging für mich ein großer Wunsch in Erfüllung – ich flog nach Kanada, um dort drei Wochen lang auf einer Ranch zu arbeiten. Ich war sehr gespannt, ob ich es mit meinem durchschnittlichen Englisch schaffen würde, die Arbeitsaufträge zu verstehen. Es klappte erstaunlich gut, und die Arbeit machte mir sehr viel Spaß. Die Besitzerin der Ranch erklärte mir in ruhigen Minuten sogar englische Sprichwörter, und so lernte ich viel dazu.

Eines Tages dachte ich über zwei simple Verben nach – was ist der Unterschied zwischen »to watch« und »to look«? Die Besitzerin erklärte mir: »You look at something, but you are watching TV.« »To watch« meint also ein anhaltendes Hinschauen, ein bewusstes Betrachten, »to look« dagegen nur einen flüchtigen Blick.

Das finde ich sehr hilfreich, um einen wichtigen Punkt zu verstehen: Wir werden immer wieder mit sexuellen Bildern, Texten und Inhalten konfrontiert. Doch das Entscheidende ist: Wie reagieren wir? Schauen wir nach dem ersten Blick weiter hin oder wenden wir unsere Augen ab? »To watch« oder »to look«? Der zweite Blick macht den Unterschied.

DAS *Vogelnest* AUF DEM KOPF

Martin Luther sagte einmal: »Dass die Vögel der Sorge und des Kummers über deinem Haupt fliegen, kannst du nicht ändern. Aber dass sie Nester in deinem Haar bauen, das kannst du verhindern.« Das möchte ich übertragen: Wir können nicht verhindern, dass unsere Augen immer wieder sexuelle Inhalte sehen, dass also der erste Blick stattfindet. Aber wir entscheiden, wie wir damit umgehen – ob wir einen zweiten Blick auf diese Bilder werfen und weiter hinschauen, zuhören oder lesen. Oder ob wir bewusst den Blick abwenden, den Film ausmachen, das Buch wegschmeißen, das Internet ausschalten oder das Handy weglegen. Das würde in dem von Luther gebrauchten Bild bedeuten: Wir können die Existenz der Vögel nicht verhindern. Aber wir können sie verscheuchen und so verhindern, dass sie Nester auf unserem Kopf bauen.

Dies ist ein sehr entscheidender Punkt, denn hier werden die Weichen gestellt – will ich mich auf die Sünde einlassen oder will ich ihr aus dem Weg gehen? In 1. Korinther 6,18a werden wir aufgefordert, vor sexueller Sünde zu fliehen: **»Flieht die Unzucht!«**[8] Hiob war da sehr konsequent: Er schloss einen Bund mit seinen Augen – und das, lange bevor es das Internet gab!

>»Einen Bund habe ich mit meinen Augen geschlossen. Wie hätte ich da auf eine Jungfrau lüstern blicken sollen?«[47]
>
> Hiob 31,1

Hiob war fest entschlossen, keinen zweiten Blick zu riskieren. Also: Spiel nicht mit dem Feuer, sondern geh auf Nummer sicher. Sonst wird der Teufel genau dort einhaken und Wege finden, dich zu Fall zu bringen.

Sonja berichtet: »Früher habe ich immer die Männer verachtet, die mit Selbstbefriedigung oder Pornografie zu tun hatten. Nie hätte ich es für möglich gehalten, dass ich selbst eines Tages in die Selbstbefriedigung hineinrutschen würde! Aber Hochmut kommt ja bekanntlich vor dem Fall.

Ich habe nie entschieden: Jetzt befriedige ich mich mal selbst. Die Sünde schlich sich ganz heimlich bei mir ein, weil ich unvorsichtig wurde und mit dem Feuer spielte.

Ich war es von zu Hause gewohnt, dass ein Film vorgespult oder ausgemacht wurde, wenn eine zweifelhafte Szene kam. Doch jetzt wohnte ich alleine und fand nichts dabei, mir solche Szenen anzuschauen. Ich dachte, es würde mir nichts ausmachen. Auch in Romanen las ich alles, was kam. Das blieb nicht ohne Folgen. Die Schilderungen riefen Gefühle in mir wach. Zuerst war ich sogar erleichtert darüber, denn ich hatte schon Angst gehabt, mit mir würde etwas nicht stimmen. Denn »alle« sprachen von sexuellen Dingen, während ich noch nie so etwas empfunden hatte. Nun war es so weit, ich war also doch »normal«. Doch bald schon wünschte ich, ich hätte vor der Ehe niemals diese Gefühle in mir wachgerufen. Denn ich wollte sie immer wieder erleben, und so wurde ich süchtig – süchtig nach Selbstbefriedigung.

Es wurde ein ständiger Teufelskreis: Ich fühlte mich für einen kurzen Moment gut, dann folgte die Scham. Anschließend fasste ich den Vorsatz: ›Ich will das nicht mehr tun!‹ Aber dann wurde meine Begierde wieder durch Bilder oder Gedanken geweckt, und der Teufelskreis begann von vorn. Neue Vorsätze, neues Versagen. Wie hatte ich die Männer verachtet! Jetzt steckte ich selbst in diesem Dilemma und fühlte mich furchtbar. Lange Zeit traute ich mich nicht, mit jemandem darüber zu reden.«

WENN DU DICH SELBST *glücklich* MACHEN WILLST

Was sagt nochmal der Erfinder der Sexualität dazu? Gott hat die Sexualität dazu bestimmt, dass zwei Menschen, Mann und Frau, sich gegenseitig glücklich machen und eine besondere Einheit bilden können.[9] Doch was geschieht, wenn du Selbstbefriedigung praktizierst?

1 Selbstbefriedigung widerspricht dem Prinzip, dass Mann und Frau sich gegenseitig glücklich machen sollen. Bei der Selbstbefriedigung dreht man sich, wie der Begriff schon sagt, nur um die Befriedigung seiner eigenen Wünsche.

Du wirst dich vielleicht kurzfristig gut fühlen, aber sehr schnell danach wirst du leer und einsam sein. Denn du benutzt die Sexualität, die Gott für ein gegenseitiges Beschenken im Rahmen der Ehe gemacht hat, für eine ich-bezogene Handlung. »Ich will meinen Spaß und nehme ihn mir.« Doch das macht nie dauerhaft glücklich! Wer sich selbst befriedigt, bleibt noch einsamer zurück, als er es vorher schon war, mit der verzweifelten Sehnsucht nach echter, menschlicher Nähe.

2 »Ich aber sage euch: Jeder, der eine Frau ansieht, sie zu begehren, hat schon Ehebruch mit ihr begangen in seinem Herzen«, sagt Jesus in Matthäus 5,28. (Das Gleiche gilt natürlich auch für eine Frau, die einen Mann auf diese Weise ansieht.)

Jesus zeigt in diesem Vers ganz unmissverständlich: Es ist nicht nur so, dass eine sündige Tat ihren Anfang in Gedanken findet, und später, wenn man sie in die Tat umsetzt, wird es eine Sünde. Nein, auch diese sündigen Gedanken selbst sind schon Sünde! Es ist also nicht nur falsch, wenn ich in Wirklichkeit vor der Ehe mit einem Mann schlafe, sondern vor Gott ist es auch schon Sünde, wenn ich das nur in meiner Fantasie tue. Zwar schädige ich damit nicht direkt einen oder mehrere Mitmenschen, aber ich verfehle das Ziel Gottes. Und Sünde ist nichts anderes als Zielverfehlung.

Sind wir Frauen nicht gerade hier in großer Versuchung? Wie leicht verlieren wir uns in Tagträumen, in denen wir sexuell begehrt werden und schließlich mit dem Mann unserer Träume zusammenkommen!

3 Selbstbefriedigung ist oft ein Einstieg in Pornografie. Und Pornografie kann dein ganzes Leben beeinträchtigen, dich deinen Arbeitsplatz kosten, zu Depressionen führen, deine Beziehungen und deine Ehe (zer)stören, dein Gehirn verändern (dazu gibt es inzwischen aufrüttelnde Untersuchungen[10]) und dich mittels Pornosucht versklaven. Zudem vermittelt Pornografie ein völlig unrealistisches Bild von Sexualität und wird, solltest du einmal heiraten, deine Beziehung zu deinem zukünftigen Ehepartner gravierend beeinträchtigen. Der alltägliche Umgang kann zunehmend schwieriger werden. Zusätzlich wird die Pornografie es dir immer schwerer und wahrscheinlich bald unmöglich machen, die echte Sexualität mit deinem Mann zu genießen, denn die Gewöhnung an den zuverlässigen und schnellen »Erfolg« bei der Selbstbefriedigung erschwert den Aufbau echter Intimität.

»Was in der Folge bei Frauen passiert, ähnelt dem Coolidge-Effekt, der bei Männern im Zuge der Pornosucht auftritt. Um nämlich gleichbleibend ein ausreichendes Maß an Stimulation zu erreichen, muss der ›Input‹ immer extremer, härter und eindringlicher werden. Bei Frauen ist das nicht anders.«[11]

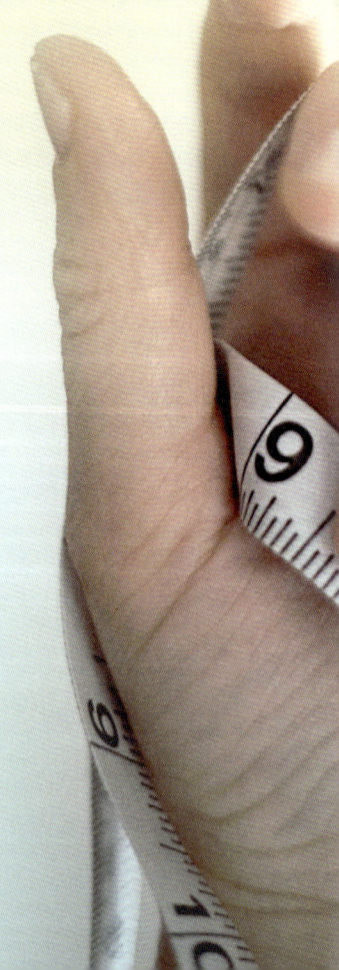

4 Alles, was wir tun, betrifft nicht nur uns und unseren Nächsten, sondern vor allem Gott. Schon David erkannte, dass sein Ehebruch in erster Linie Rebellion gegen Gott war.[12] Wenn du also Sünde in deinem Leben tolerierst, dann wird dies deine Beziehung zu Gott stören.

DER ZEITLICHE *Genuss* DER SÜNDE

»Warum sollten Selbstbefriedigung und Pornografie schlecht sein, wenn ich mich so gut dabei fühle?«, so fragst du vielleicht. Du denkst: Sünde ist schlecht, und deshalb muss ich mich auch schlecht fühlen, wenn ich sündige. Wie kann etwas Sünde sein, bei dem ich mich gut fühle? Doch es ist nicht so, dass wir uns in jedem Fall schlecht fühlen beim Sündigen. Gott spricht in Bezug auf Sünde sogar von Genuss – allerdings von einem *zeitlichen* Genuss, also einem kurzen Moment, der schnell vorbei ist und einen leer zurücklässt.[13]

Sexuelle Sünden bringen zwar einen schnellen Kick, einen kurzen Genuss, aber sie haben einem bitteren Nachgeschmack: Einsamkeit, Leere, Sehnsucht nach mehr und ein schlechtes Gewissen (welches allerdings irgendwann abstumpft). Doch so hat Gott sich Sexualität nicht erdacht. Er wollte, dass Intimität einen Ehemann mit seiner Frau dauerhaft verbindet und sie ihre Intimität anhaltend genießen lässt.

»Denn zweifach Böses hat mein Volk begangen: Mich, die Quelle lebendigen Wassers, haben sie verlassen, um sich Zisternen auszuhauen, geborstene Zisternen, die kein Wasser halten« (Jeremia 2,13).

In diesem Vers zeigt Gott, dass jede Sünde auf denselben Punkt hinausläuft: Wir verlassen Gott, die lebendige Quelle, und suchen unser Glück dort, wo die Freude nur von kurzer Dauer ist und so schnell versickert und verschwindet. Doch Gott ist der Einzige, der unseren Lebensdurst dauerhaft stillen kann.

Rissige Zisternen, die das Wasser nicht halten – das ist ein guter Vergleich für das schnell verrinnende »Glück« der Selbstbefriedigung.

»Die Dynamik einer Sucht besteht darin, dass du auf etwas schaust, was Gott geschaffen hat, damit es dir etwas gibt, wozu es aber nicht gedacht war. Dann wirst du entweder schnell enttäuscht und bist so klug und gibst diese Hoffnung auf. Oder du gehst immer wieder dorthin, und wenn du das tust, beginnt deine Reise abwärts auf der Straße der Sucht. Dieses geschaffene Ding wird dir einen kurzzeitigen Kick der Euphorie geben, es wird dir ein vorübergehendes Vergnügen bieten, es wird dir ein augenblickliches Wohlgefühl verschaffen, es wird dir kurz das Gefühl geben, dass du ›jemand bist‹, und es kann sogar dazu führen, dass deine Probleme für einen kurzen Augenblick gar nicht so schlimm scheinen. Das alles ist sehr berauschend. Es fühlt sich großartig an. Das Problem dabei ist, dass dieses geschaffene Ding, das du ansiehst, nicht die Fähigkeit besitzt, dein Herz zufriedenzustellen. Es war auch gar nicht dafür gemacht. Es kann dir keinen inneren Frieden geben. Es kann dir nicht die Herzensruhe tiefer Zufriedenheit bringen. Es kann dein tiefstes Verlangen nicht stillen. Mit einem Wort, es kann nicht dein Retter sein. Und wenn du auf etwas außer auf den Retter selbst hinblickst, damit es dein Retter sein soll, wird dieses Ding am Ende nicht dein Retter sein, sondern dein Sklaventreiber.«[14]

Gott will, dass es uns gut geht und dass unser Leben gelingt. Er will uns übergroße Freude geben, unseren Lebensdurst stillen, unsere Herzen zur Ruhe bringen und uns ein freies Gewissen schenken.

»Und halte seine Satzungen und seine Gebote, die ich dir heute gebiete, damit es dir und deinen Kindern nach dir wohl ergehe und damit du deine Tage verlängerst in dem Land, das der HERR, dein Gott, dir für immer gibt« (5. Mose 4,40).[15]

(Das Neue Testament macht deutlich, dass Gott uns Christen nicht materiellen Wohlstand und körperliche Gesundheit verspricht, sondern vielmehr geistlichen Reichtum und geistliche Gesundheit.)

Gott will also nicht nur, dass es dir gut geht, sondern auch den Kindern, die du vielleicht einmal bekommen wirst. Denke daran:

Wie du jetzt lebst, hat immer auch Auswirkungen auf andere Menschen!

»Gott aber erweist
seine Liebe zu uns darin,
dass Christus,
da wir noch Sünder waren,
für uns gestorben ist.«

Römer 5,8

BEDINGUNGSLOS GELIEBT – DIE GANZ GROSSE LIEBE

Sehnst du dich auch danach, bedingungslos geliebt zu werden? Trotz all deiner Schwächen, Macken und Kanten, so wie dein Körper und deine Persönlichkeit eben sind? Von jemandem, der dich nicht ausnutzt, sondern dich selbstlos und bedingungslos liebt?

Keine menschliche Liebe wird je diese Sehnsucht in dir stillen können – auch wenn du dir das in deiner Fantasie so ausmalst –, weil eben auch der mögliche Partner Macken und Fehler hat und oft egoistisch handelt (also genau wie du ein Sünder ist). Zudem existiert eine imaginäre Liebe nicht wirklich, doch die Wirklichkeit wird dich immer wieder einholen.

Aber trotzdem gibt es sie, diese ganz große Liebe: bei Jesus Christus. Er liebt dich, obwohl er dich durch und durch kennt. Er hat sich nicht damit zufriedengegeben, dass du nichts von ihm wissen wolltest. Er ist dir nachgegangen und hat um dich geworben, immer und immer wieder. Seine Liebe hat er schließlich unübersehbar unter Beweis gestellt: Er ist am Kreuz für dich gestorben. Du standest vor Gott, zum Tod verurteilt wegen all der Schuld, die du vor ihm und Menschen hattest, und Jesus hat deinen Platz eingenommen. Du konntest begnadigt wegtreten und leben. Jesus starb an deiner Stelle, um dir Vergebung und ewiges Leben zu schenken.[16] Ist das nicht überwältigend?

Doch das ist noch nicht alles. Noch immer wirbt Jesus um dich. Er redet durch sein Wort zu dir und nutzt Erlebnisse und Begegnungen, um dich näher zu sich zu ziehen und eine immer engere Gemeinschaft mit dir zu haben. Seine Liebe enttäuscht niemals.

DIE LIEBE *erduldet* ALLES

Jesus kann es sogar aushalten, dass er dich auch mal durch schwere Zeiten gehen lassen muss, damit du verändert wirst und eine engere Beziehung zu ihm bekommst.

Ich arbeite in einem Kindergarten. Dort gibt es immer wieder Streit und Situationen, in denen manche Kinder anderen Kindern schaden. Manchmal enthalte ich diesen Kindern etwas vor, was sie gerne tun würden (z.B. mit den anderen Kindern nach draußen zu gehen). Sie sollen nämlich etwas lernen, z.B. dass sie nur an der Gemeinschaft teilhaben können, wenn sie sich auch zum Wohl der Gemeinschaft verhalten, und nicht, wenn sie andere schlagen, beißen oder treten. Manchmal fällt es mir sehr schwer, das durchzuziehen. Wenn die Sonne scheint und da so ein niedliches Kind mit traurigen Augen vor mir steht, weil es nicht mit nach draußen gehen darf, dann werde ich manchmal wankend. Dann bin ich kurz davor, inkonsequent zu werden und es doch mit nach draußen zu lassen. Doch in solchen Momenten sage ich mir: »Wenn du dieses Kind wirklich lieb hast und ihm helfen willst, dann darfst du jetzt nicht nachgeben. Ein kurzer Kummer ist weniger schlimm, als wenn das Kind diese wichtige Sache nicht lernt.«

Es gehört sehr viel Liebe dazu, mit anzusehen und es auszuhalten, wie jemand traurig ist. Und ich finde es großartig, dass Gott genau das kann! Er kann es aushalten, dass wir auch mal weinen und vielleicht wütend auf ihn sind. Denn er hat uns lieb und möchte, dass wir verändert und glücklich werden. Er sieht das Ziel hinter unseren Schwierigkeiten.

ES KOMMT NOCH *mehr*

Jesus Christus bereitet eine Wohnung für jeden vor, der Gottes Kind geworden ist.[17] Weil er dich kennt und weiß, was dir gefällt und wo du dich wohlfühlst, wird diese Wohnung auf jeden Fall perfekt für dich sein. Eines Tages wird er dich zu sich holen. Er will, dass du für immer bei ihm bist, das sagt er ganz ausdrücklich. Jesus kennt das Warten, die Sehnsucht nach geliebten Menschen. Er freut sich darauf, dir einmal alles und vor allem sich selbst zu zeigen.

Kennst du das? Wenn du etwas Schönes gemacht hast, vielleicht ein Kunstwerk, einen Kuchen, ein Kleid oder eine schöne Frisur, dann möchtest du das unbedingt deiner besten Freundin zeigen. Genauso wartet Jesus darauf, dir seine Herrlichkeit zeigen zu können:

»Vater, ich will, dass die, die du mir gegeben hast, auch bei mir seien, wo ich bin, damit sie meine Herrlichkeit schauen, die du mir gegeben hast, denn du hast mich geliebt vor Grundlegung der Welt« (Johannes 17,24).

Jesus bereitet jeden Tag deines Lebens vor und ist jederzeit für dich da, um dir zuzuhören und mit dir zu reden. Er macht dich durch den Heiligen Geist darauf aufmerksam, wenn du dich in etwas verrennst oder sündigst. Immer und immer wieder vergibt er dir, wenn du neue Sünden bekennst. Er lässt dich nie fallen und kündigt dir nicht die Freundschaft, weil er dich auf ewige, selbstlose Weise liebt.[18]

23

JESUS WILL MIT DIR
zusammen LEBEN

»... durch unseren Herrn Jesus Christus, der für uns gestorben ist, damit wir, sei es, dass wir wachen oder schlafen, zusammen mit ihm leben« (1. Thessalonicher 5,9b-10).

Ist das nicht großartig, fast schon zu schön, um wahr zu sein? Jesus Christus möchte mit dir zusammen leben. Er benutzt das Bild der Ehe, um die Qualität dieser Beziehung deutlich zu machen. So wie ein Mann und eine Frau zusammen leben, alles besprechen, alles teilen, den anderen an allem teilhaben lassen und sehr intime Gemeinschaft haben, so will auch Jesus eine ganz enge Beziehung zu dir haben.

Als Jesus für dich gestorben ist, lagen alle deine Sünden noch in der Zukunft. Er wusste also ganz genau, worauf er sich einließ. Er sah voraus, wie oft du ihm noch wehtun würdest, auch noch, nachdem du dich schon für ein Leben mit ihm entschieden hattest. Wie oft du den zeitlichen Genuss der Sünde der Freude an ihm vorziehen würdest. Wie oft du seine Liebe mit Füßen treten würdest. Und trotzdem wollte er dich. Was für eine Liebe!

DAS WEISSE *Kleid*

Wenn du Jesu Vergebungsangebot in Anspruch genommen hast, dann ist deine Schuld ausgelöscht. Weg. Für immer. Nicht, weil Gott deine Sünde nicht so schlimm fand, sondern weil er sie so schlimm fand, dass er darauf nur mit der Todesstrafe reagieren konnte. Doch diese Strafe hat Jesus Christus stellvertretend auf sich genommen. Als er am Kreuz starb, rief er: »Es ist vollbracht!« Dieser Satz wurde früher auf Dokumente geschrieben, um zu bestätigen, dass z. B. die Steuern komplett gezahlt wurden. »Es ist vollbracht!« bedeutet: »Vollständig bezahlt!«[19] Deine Schuld ist also völlig beglichen. Es gibt sie nicht mehr!

Die Bibel benutzt in diesem Zusammenhang das Bild vom weißen, fleckenlosen Kleid.[20]

Wir dürfen in den weißen Kleidern der Gerechtigkeit vor Gott stehen, weil Jesus Christus für uns starb. Und deshalb wirst du vielleicht auch eines Tages in einem weißen Kleid heiraten ...

»Wenn eure Sünden wie Scharlach sind, wie Schnee sollen sie weiß werden« (Jesaja 1,18).

Wenn du Gottes Vergebung noch nicht in Anspruch genommen hast, dann kannst du es jetzt tun. Sag ihm alles, wo du gegen ihn und Menschen gesündigt hast. Du kannst dich darauf verlassen: Auch für die Sünden, die dir nicht mehr einfallen, ist der Herr Jesus gestorben. Doch 1. Petrus 2,24 sagt uns auch: »... damit wir der Gerechtigkeit leben.« Das bedeutet, dass dein Leben von jetzt an anders werden soll.

»Und es wurde ihr gegeben, dass sie sich kleide in feine Leinwand, glänzend und rein«

Offenbarung 19,8

Liebst DU DIESEN HERRN?

Jesus hat seine Liebe zu dir am Kreuz bewiesen, und er sehnt sich danach, dass du ihn auch liebst. Er möchte, dass er dir wichtiger wird als alles andere auf der Welt. Ist Jesus die Nr. 1 in deinem Leben? Wenn das so ist, dann wird sich das auf alle Lebensbereiche auswirken. Es interessiert dich, was Jesus sagt, du nimmst seine Gebote ernst und gehorchst ihm gerne. Auch im Bereich der Sexualität.

»Wenn ihr mich liebt, so werdet ihr meine Gebote halten« (Johannes 14,15).[21]

Mit anderen Worten: Du kannst Jesus deine »Liebe auf den zweiten Blick« zeigen – indem du bei Versuchungen den zweiten Blick nicht auf die Verlockung, sondern auf ihn richtest, weil er dir wichtiger ist als der kurze Genuss der Sünde.

Das ist eine entscheidende Sache: Wenn du deinen Blick von der Sünde abwendest, wohin schaust du dann? Schau auf deinen Herrn, weil er allein es ist, der deine Sehnsüchte wirklich stillen kann!

»Flieht die Unzucht! Jede Sünde, die ein Mensch begehen mag, ist außerhalb des Leibes; wer aber Unzucht treibt, sündigt gegen den eigenen Leib. Oder wisst ihr nicht, dass euer Leib ein Tempel des Heiligen Geistes in euch ist, den ihr von Gott habt, und dass ihr nicht euch selbst gehört? Denn ihr seid um einen Preis erkauft worden. Verherrlicht nun Gott mit eurem Leib!« (1. Korinther 6,18-20).[22]

Aus Alicias Tagebuch:

25.08.2016

»Herr, du siehst, wie diese Sünde in meinem Leben eine immer höhere Mauer zwischen uns beide baut. Bitte vergib mir, dass ich das viel zu lange hingenommen und ignoriert habe. Es tut mir leid, dass mir meine eigene Befriedigung immer wieder wichtiger war als das Ziel, dir treu zu sein. Ich möchte von diesem Kampf, den ständigen Niederlagen und Depressionen weg – und zu dir hinschauen! Für deine Liebe und den unbegreiflich hohen Preis meiner Erlösung möchte ich dir danken. Ich will dich loben mit meinem ganzen Leben und möchte alleine auf dich sehen! Ich möchte jeden Tag neu üben, dir treu zu sein – für einen Tag lang. Bitte hilf mir dabei und gib mir Disziplin, mich mit dir, deinem Wort und guten Büchern zu beschäftigen und Versuchungen gezielt aus dem Weg zu gehen. Amen.«

DEIN MANN / DEIN *zukünftiger* MANN

Wenn du »Liebe auf den zweiten Blick« praktizierst, dann wird das auch deinem (zukünftigen) Mann zugutekommen. Denn du übst dich darin, nicht anderen Männern, seien es echte Männer oder Männer deiner Fantasie, hinterherzuschauen, sondern konzentrierst dich auf deinen Mann bzw. auf Gott. Du entsprichst Gottes Schöpfungsordnung, und das wird dir und deinen Mitmenschen zum Segen sein.

Auch wenn du (irgendwann) verheiratet bist, sind die Versuchungen nicht zu Ende. Du musst dich immer wieder für die »Liebe auf den zweiten Blick« entscheiden, gegen die Versuchung und für deinen Ehemann. Das gilt für alle Versuchungen, nicht nur im sexuellen Bereich.

Ein Ehepaar

das lange Pornografie konsumiert hat, sagte dazu:

»Wenn du dein Problem mit Pornografie nicht vor deiner Ehe aufgearbeitet hast, wirst du sie mit in die Ehe nehmen. Verheiratet zu sein, verhindert nicht, dass man sich mit Pornografie beschäftigt.« [48]

»Liebe auf den zweiten Blick« zu üben ist also in jedem Fall lohnenswert!

DAS GROSSE *Bild*

Die Ehe ist eigentlich nur eine Veranschaulichung einer viel größeren und wichtigeren Beziehung: Gott will mit der Ehe zeigen, in welcher Beziehung er mit uns Menschen leben möchte.[23] Die Ehe allein kann uns nicht dauerhaft glücklich machen, denn wir sind dazu geschaffen worden, uns an Gott zu erfreuen und ihn durch unser Leben zu verherrlichen.[24]

Diese Tatsache ist sehr schön in der ersten Antwort des Westminster-Katechismus zusammengefasst: »Das höchste Ziel des Menschen ist es, Gott zu verherrlichen und sich für immer an ihm zu erfreuen.«

Nur Gott allein kann uns also wirkliche Zufriedenheit schenken – und das ganz unabhängig davon, ob wir geheiratet haben oder Single sind.

»Ich aber, ich will in dem HERRN frohlocken, will jubeln in dem Gott meines Heils.«

Habakuk 3,18

DER GERECHTE FÄLLT

»Denn der Gerechte fällt siebenmal und steht wieder auf, aber die Gottlosen stürzen nieder im Unglück« (Sprüche 24,16).

Kennst du das auch? Du hast deine Sünde bekannt, hast einen neuen Anfang mit Gott gemacht – und es dauert nicht lange, bis du schon wieder gefallen bist? Ich bitte dich: Gib nicht auf! Die Zahl 7 im obigen Bibelvers steht für »sehr oft«. Auch wenn du sehr oft fällst – gib nicht auf und steh wieder auf!

Aus Alicias Tagebuch:
07.10.2016

»Lieber Herr Jesus,
es tut mir unendlich leid, dass ich dir schon wieder wehgetan habe. Bitte vergib mir. Bitte befreie mich von dieser Sünde, denn gerade jetzt, wo ich alleine lebe, ist es so schwer zu kämpfen ... Bitte reinige du mein Herz und all meine Gedanken von dieser Sünde, die dir ein Gräuel ist. Bitte gib mir die Kraft, mich nicht mehr auf Kompromisse einzulassen, die zu weiteren unreinen Gedanken und zur Sünde führen. Bitte hilf mir, den Kampf gegen die Sünde endlich zu gewinnen und frei zu werden. Amen!«

Ein Kind, das Laufen lernt, fällt unendlich oft hin. Es tut sich weh. Manchmal bleibt es einen Moment lang liegen. Aber dann rappelt es sich wieder auf und versucht das Laufen erneut, bis es immer sicherere Schritte tut. Zuerst noch an der Hand eines Erwachsenen, aber irgendwann kann es alleine laufen und wird auch nur noch selten hinfallen. Es kann fröhlich rennen, springen und hüpfen. Und irgendwann wird aus dem kleinen Kind ein erwachsener Mensch, der vielleicht sogar Hochleistungssport machen kann.

Auch als Erwachsener kann man noch hinfallen. Wir werden nie die Garantie haben, dass uns so etwas nicht mehr passiert. Aber was tut ein Erwachsener, wenn er hinfällt? Er steht, so schnell es geht, wieder auf, säubert sich und geht weiter.

Es ist nicht schön, wenn du hinfällst, aber wichtig ist, dass du wieder aufstehst. Bleib nicht im Dreck liegen! Auf eines kannst du dich verlassen: So wie ein Vater seinem Kind die Hand entgegenstreckt, um ihm beim Aufstehen zu helfen, so streckt Gott dir seine Hand hin. Er will dich stützen und dich festhalten, damit du beim Stolpern über Versuchungen nicht hinstürzt. Dieses Wissen trägt durch.

»... wenn er fällt, wird er nicht hingestreckt werden, denn der HERR stützt seine Hand« (Psalm 37,24).[25]

LEBE AUS DER *Vergebung* UND GNADE

Bekenne Gott deine Sünde und dein Versagen, und danke ihm für die Vergebung, die er dir immer wieder schenkt.[26] Du brauchst dich nicht selbst zu bestrafen oder dich darum zu bemühen, Gott gnädig zu stimmen. Er ist gnädig und barmherzig, deine Schuld ist ausgelöscht. Deshalb geh freudig mit ihm weiter. Gott freut sich sehr, wenn du den Kampf aufnimmst, selbst wenn du ihn nicht immer gewinnst.

»... denn wir haben nicht einen Hohenpriester, der nicht Mitleid zu haben vermag mit unseren Schwachheiten, sondern der in allem versucht worden ist in gleicher Weise wie wir, ausgenommen die Sünde. Lasst uns nun mit Freimütigkeit hinzutreten zu dem Thron der Gnade, damit wir Barmherzigkeit empfangen und Gnade finden zu rechtzeitiger Hilfe« (Hebräer 4,15-16).

ZUR *Freiheit* BERUFEN

Wenn du um Freiheit von sexueller Sünde betest, kannst du dir sicher sein, dass Gott auf deiner Seite ist und dieses Gebet erhören will. Denn er hat dich ja zur Freiheit berufen.[27] So wie ein Vogel für die freie Natur und nicht für den Käfig geschaffen ist, so bist auch du für die Freiheit gemacht. Lass dir nicht einreden, es gäbe keinen Ausweg! Es gibt ihn. Du bist zur Freiheit berufen. Rede ganz ehrlich mit Gott über die Grundursachen und Auslöser deiner Probleme, und lass ihn an diesen Punkten arbeiten.

ZWEI PARADOXE *Prinzipien*

In der Bibel begegnen uns immer wieder zwei Prinzipien, die uns widersprüchlich erscheinen. Einerseits wird betont, dass Gott es ist, der alles wirkt. Andererseits werden wir aufgefordert, unser Bestes zu geben und Gottes Pläne umzusetzen. Wie passt das zusammen? Jemand hat es einmal so gesagt: **»Arbeite so, als ob alles von dir abhinge; bete so, als ob alles von Gott abhinge.«**

Gott ist es, der alles bewirkt und von dem alles abhängt: »... denn Gott ist es, der in euch wirkt sowohl das Wollen als auch das Wirken, zu seinem Wohlgefallen« (Philipper 2,13).

Trotzdem möchte Gott durch uns wirken. Das bedeutet, dass wir uns anstrengen und unser Bestes geben sollen: »Kämpfe den guten Kampf des Glaubens« (1. Timotheus 6,12).

Dieses Prinzip gilt auch in Bezug auf den Sieg über Versuchungen: Gott allein ist es, der dir den Sieg schenken kann. Trotzdem möchte er, dass du nicht tatenlos dasitzt und damit der Versuchung die Tür weit öffnest. Nein, er möchte, dass du das tust, was du kannst, um nicht zu sündigen.[28]

Aus Alicias Tagebuch:

07.02.2018

»Heute war es sehr, sehr schwer zu kämpfen, Gott treu zu bleiben und es nicht zu tun ... Ich würde gerne sagen, dass der Kampf leicht ist, wenn man Gott auf seiner Seite hat, aber so ist es nicht. Natürlich ist Gott derjenige, der den Sieg schenkt, aber er erwartet von uns vollen Einsatz, Konsequenz und Disziplin. Und an Tagen wie heute wird mir bewusst, dass ich ohne Gottes Hilfe noch nicht mal das zum Kampf beisteuern kann. Ich war heute einige Male kurz davor, sündigen Gedanken Raum zu geben, doch Gott hat mir die Kraft geschenkt, auf das Ziel zu schauen. Nach diesem Tag bin ich irgendwie erschöpft, als hätte ich eine entscheidende Schlacht gekämpft, aber dankbar dafür, dass Gott gesiegt und mir einen siegreichen Tag geschenkt hat.«

WENN DU NUR *Bahnhof* VERSTEHST

Wenn du mit den vorherigen Kapiteln nichts anfangen kannst und kein Problem mit den angesprochenen Themen hast, dann freue dich darüber und danke Gott für seine Bewahrung. Denke nicht, bei dir wäre etwas falsch, weil du noch kein sexuelles Verlangen spürst. Und lass dich nicht dazu hinreißen, Selbstbefriedigung auszuprobieren. Du würdest es nur bereuen.

Bewahre dich in deiner Single-Zeit auf, damit du, wenn du heiraten solltest, mit deinem Mann wirklich das »erste Mal« erlebst. Es ist ein großes Geschenk, wenn deine Sexualität erst von deinem Ehemann geweckt wird.

WAS KANNST DU TUN?

LAUF *weg*

Die Bibel sagt: **»Flieht die Unzucht!«** (1. Korinther 6,18a).[29]

Was bedeutet fliehen? Fliehen bedeutet definitiv nicht, mit der Sünde zu spielen, sondern möglichst schnell eine große Distanz zwischen sich und der Gefahrenquelle herzustellen. So wie Joseph, der um sein Leben lief, als die Frau des Potiphar aufdringlich wurde und ihn verführen wollte.[30]

Also: Hau ab! Auch wenn es dich etwas kosten sollte! Denke daran: Joseph verlor nicht nur sein Kleid, sondern auch für einige Jahre seine Freiheit. Vielleicht werden andere dich für uncool halten, für oberfromm oder für einen Spielverderber, wenn du bestimmte Filme nicht mitschaust oder die Online-Zeit auf deinem Handy einschränkst. Aber das macht nichts. Der Sieg ist es wert. Flieh!

Trainiere DEIN GEHIRN

Wenn du dir über mehrere Wochen ein bestimmtes Verhalten antrainierst, wird es schließlich zu einer Gewohnheit. Du kannst also das Weglaufen vor der Sünde üben, sodass dein Gehirn dir irgendwann von selbst den Impuls dazu gibt. Das ist tatsächlich so, es gibt viele Studien aus der Verhaltensforschung zu diesem Phänomen. Ein einfaches Beispiel: Wenn du deinen Schlüssel jedes Mal, wenn du zur Haustür hereinkommst, ganz bewusst an das Schlüsselbrett hängst, dann wirst du dies nach ca. vier bis

sechs Wochen automatisch tun, auch wenn du gerade ganz in Gedanken versunken bist. Dazu gibt es unterschiedliche Studien. Im Schnitt scheinen es ca. 66 Tage zu sein, bis eine Gewohnheit automatisch abläuft.[31]

Genauso ist es auch mit dem »zweiten Blick«: Du kannst dir angewöhnen, sofort wegzuschauen, und das in weniger als 3 Sekunden, wenn dein Blick auf etwas fällt, was für dich eine Versuchung darstellt, und deinen Blick ganz bewusst auf etwas anderes zu richten. In den ersten Wochen wird das harte Arbeit sein, aber umso mehr wirst du staunen, wie gut es später klappt.

Das Gleiche gilt für deine Gedanken: Sobald ein unguter Gedanke kommt, verbiete es dir selbst, ihn weiterzudenken. Sage »Stopp«, und wende deine Gedanken ganz bewusst sofort auf etwas anderes. Wenn auf deinem Smartphone etwas Verdorbenes auftaucht, klicke es in Sekundenschnelle weg, ohne einen zweiten Blick darauf zu werfen. Nach ein paar Wochen wird dieses Verhalten eine segensreiche Angewohnheit in deinem Leben sein.

WAS IST SO *entscheidend* AM »ZWEITEN BLICK«?

Wenn du dich nach dem ersten Blick (oder Gedanken) nicht abwendest, sondern durch einen zweiten Blick oder Gedanken der Sünde Raum gibst, dann steigt die Wahrscheinlichkeit, dass ungutes Verlangen in dir geweckt wird. Du denkst dich in die Situation hinein, genießt die Gefühle – und schneller, als du denkst, steckst du mittendrin in der Sünde.

Mit der Zeit kannst du immer tiefer hineinrutschen. Wenn für das schöne Gefühl anfangs noch ein Bild oder eine Vorstellung ausgereicht hat, so wirst du bald stärkere Reize und härtere Bilder brauchen, um das zu erleben, was du erlebt hast und wieder erleben willst.

Durch die Bilder, die du siehst, werden völlig unrealistische Erwartungen an einen Partner in dir geweckt, die ggf. auch deine (spätere) Ehe belasten werden. Auch dein Denken wird sich mehr und mehr verändern – auch völlig normale Dinge des Alltags wirst du irgendwann doppeldeutig wahrnehmen und ständig an sexuelle Dinge denken müssen. Dein ganzes Denken kann »krank« werden.

> »Lass die Reden meines Mundes und das Sinnen meines Herzens wohlgefällig vor dir sein, HERR, mein Fels und mein Erlöser!«
>
> Psalm 19,15

Nicht nur das, was du sagst, sondern auch dein Denken sollte so sein, dass Gott sich darüber freuen kann. Deswegen sag direkt beim ersten Blick oder schmutzigen Gedanken »nein«.

Sonja berichtet:

»Ich bin frei! Lange Zeit habe ich gedacht: Ich schaffe das nie. Immer wieder habe ich mir vorgenommen, die Sünde zu lassen, aber trotzdem unterlag ich ständig neu der Versuchung. Es war ein andauerndes Auf und Ab: Neue Vorsätze, Versagen. Neue Vorsätze, Versagen. Neue Vorsätze, Versagen. Ich dachte, das würde nie aufhören. Und ich hätte es auch nie geschafft. Nicht aus mir selbst heraus.

Mit der Zeit aber wurde mir mehr und mehr bewusst: Ich muss tun, was ich tun kann – nicht mit dem Feuer spielen, der Versuchung aus dem Weg gehen, konsequent sein. Aber trotzdem kann nur Jesus mir wirklich Freiheit schenken. Aus mir selbst heraus bin ich zu schwach. Ich versage immer wieder.

Und Jesus tat es! Irgendwann wurde mir die Sünde zuwider. Ich wollte sie einfach nicht mehr tun. Endlich wurde ich wirklich konsequent. Ich las mir Filmbeschreibungen durch, bevor ich die Filme schaute, und viele kamen danach nicht mehr infrage. Ich warf Bücher weg, in denen Passagen vorkamen, die mir das Leben schwer machten. Und vor allem: Ich verbot mir das Weiterdenken sexueller Szenen. Sobald ein Gedanke kam, entschied ich mich ganz bewusst, ihn nicht weiterzudenken, sondern wandte meine Gedanken ganz bewusst etwas anderem zu. Wie Hiob machte ich einen Bund mit meinen Augen – und zusätzlich einen mit meinen Gedanken. Das hat Gott gesegnet. Ich bin frei geworden.

Das ist etwas unglaublich Schönes und Großartiges! Ich bin frei. Es ist so schön, frei zu sein! Meine Gedanken kreisen nicht mehr um diese Sünde, ich verstecke mich nicht mehr, um im Verborgenen zu sündigen. Ich muss nicht mehr dieses schlechte Gewissen mit mir herumschleppen. Ich bin frei! Und das schon seit vielen Jahren.

Ich weiß, dass ich trotzdem weiter auf der Hut bleiben und das Stoppschild in meinen Gedanken beibehalten muss. Ich will meine Freiheit nicht in Gefahr bringen, auf gar keinen Fall. Ich meide Dinge, die mich früher zu Fall gebracht haben. Ich will wachsam sein für neue Gefahren. Denn ich will nie wieder zurück dahin, wo ich war. No way.

Der Gedanke auf ein Ziel half mir dabei: Ich wollte so leben, wie ich es auch von dem Mann erwarte, den ich heiraten möchte. Ich kann nicht etwas von jemand erwarten, das ich selbst nicht tue. Ich kann nicht denken: Wenn ich erst einmal den richtigen Mann kennengelernt habe, dann wird automatisch alles anders. Nein, jetzt muss es anders werden! Um Gottes willen. Und zugleich auch aus Respekt dem Mann gegenüber, den Gott vielleicht noch für mich vorgesehen hat.«

DU BIST NICHT DIE *Einzige*

Es ist verrückt – oft wird es so dargestellt, als hätten nur Männer mit Selbstbefriedigung und Pornografie zu kämpfen. Vielleicht war dies früher auch hauptsächlich ein Männerproblem. Doch inzwischen hat der Teufel Wege und Mittel gefunden, ebenso uns Frauen in diesen Bann zu ziehen. Er schafft es, dass wir Gefallen an Dingen finden, die wir eigentlich pervers und abstoßend fanden. Überall werden wir mit sexuellen Inhalten bombardiert – nicht nur ganz offensichtlich auf YouTube, sondern auch auf harmlos wirkenden Bastelseiten, durch Werbebilder auf Nachrichtenseiten, Romane, Filme, Zeitschriften und vieles mehr.

Wenn du Probleme in diesem Bereich hast, sollst du wissen: Du bist nicht die Einzige! Leider geht es vielen Mädchen und Frauen so wie dir.

Lina berichtet: »Seit ca. zwei Jahren habe ich Probleme mit Selbstbefriedigung, später kam auch Pornografie dazu. Das erste Mal wusste ich, glaube ich, gar nicht so richtig, was ich überhaupt tat, und habe mich sofort sehr schuldig gefühlt und mich schrecklich geschämt. Das Ganze hat mich so mitgenommen, dass ich es schon am nächsten Tag meiner Mutter erzählte. Sie bot mir Hilfe an, aber ich wollte nicht weiter mit ihr darüber reden. Ich versprach mir selbst, es nie wieder zu tun, doch es funktionierte nicht. So rutschte ich mit der Zeit immer tiefer in alles hinein. Wenn ich mit christlichen Freunden zusammen war, fühlte ich mich schrecklich und sündig. Ich dachte, dass ich unnormal und die Einzige sei, die mit so etwas Probleme hatte. Immer wieder versuchte ich, gegen die Sünde zu kämpfen. Aber ich fiel immer wieder. Bis heute ist es leider immer noch ein furchtbarer Kreislauf, den ich alleine nicht stoppen kann. Schließlich vertraute ich mich auf einer Freizeit einer Mitarbeiterin an. Sie half mir, gab mir Tipps, und wir blieben in Kontakt. Doch ich schaffte es einfach nicht, die Sünde zu lassen. Ich hatte das Gefühl, Gott könnte mir gar nicht vergeben.

Mein Problem war und ist immer noch, dass ich alleine gegen die Sünde kämpfe. Ohne Gott. Immer wieder falle ich auf die List des Teufels herein, und immer wieder ärgere ich mich hinterher darüber. Immer wieder beschämen mich Freundinnen, die sagen: ›Wie kann man sich nur selbst befriedigen! Das ist so eklig, Pornos sind eklig!‹ Sie haben recht, es ist eklig, und ich ekle mich teilweise sogar vor mir selbst und meinen sündigen Gedanken, die ich einfach nicht in den Griff bekomme.

Irgendwann bekam ich auch Probleme mit dem Internet. Oft hörte ich in Predigten: ›Passt auf, ihr MÄNNER, mit dem Internet, mit eurer Fantasie!‹ Immer wurden nur die Männer angesprochen, während ich innerlich zusammen-zuckte und ein Stückchen tiefer in die Bank rutschte. Sieht jemand, dass ich rot werde? Ich glaube, es ist ein sehr großes Problem, dass immer nur die Männer angesprochen werden, denn auch viele Frauen haben ein Problem damit, aber sind zurückhaltender als ich und vertrauen sich niemandem an. Nicht nur Männer sind in Gefahr, auch Frauen und junge Mädchen. Natürlich nicht jede und wahrscheinlich sind es wirklich weniger als bei den Männern, aber Porno-grafie und Selbstbefriedigung sind doch eine Gefahr für jeden.

Oft hatte ich Angst vor mir selbst. Wozu bin ich noch alles fähig, wenn ich jetzt schon etwas tue, was ich niemals auch nur in Erwägung gezogen habe? Ich erkannte, wie sündig und dreckig ich bin. Mit der Zeit entstand sogar eine Art Selbsthass. Nach jedem Mal Sünde wurde ich wütender und beschuldigte Gott. Warum hilfst du mir nicht? Ich fing an, mich selbst zu verletzen. Anfangs nur ganz leicht, doch es wurde schlimmer mit der Zeit. Als ich das erste Mal eine wirkliche kleine Verletzung zurückließ, schlug es bei mir Alarm. So weit wollte ich es nicht kommen lassen. Ich nahm erneut Kontakt zu der Mitarbeiterin der Freizeit auf.

Inzwischen fällt es mir leichter, Gottes Vergebung anzunehmen und mich nicht selbst zu bestrafen. Ich weiß, ich darf nicht zu stolz sein, um Gottes Vergebung anzunehmen.«

ES MUSS NICHT FÜR IMMER SO WEITERGEHEN

EINE GANZ *neue* AUSGANGSSITUATION

Auch wenn du dich noch so hilflos verzweifelst fühlst – es muss nicht für immer so weitergehen. In Epheser 1,19-20 lesen wir, dass Gott an uns mit derselben Kraft wirkt, mit der er Jesus Christus aus den Toten auferweckt hat! Also kann Jesus auch dir helfen.

Es gibt viele lebende Beweise dafür, dass er wirklich frei macht.

Durch die neue Geburt bist du jetzt *in Christus*: Du bist reingewaschen von der Sünde und lebst aus ihm und seiner Gnade. Gott wird sich nicht von dir abwenden, wenn du wieder sündigst. Er bleibt dir zugewandt, denn sein Sohn hat schon für alles bezahlt.

DU BEKOMMST *Unterstützung*

Jesus ist immer für dich da. Er stellt dir alle Hilfen bereit, die du brauchst – zum Beispiel schenkt er dir den Heiligen Geist, der dich warnt, überführt und leitet. Ein Tipp: Schlag doch mal mithilfe einer Konkordanz oder eines Bibelprogrammes Verse über den Heiligen Geist nach, um mehr darüber zu lernen, was die dritte Person der Gottheit tut.

Außerdem stellt Jesus dir auch Glaubensgeschwister an die Seite, die dich unterstützen, herausfordern, ermutigen.[32] Wir alle sind begnadigte Sünder mit eigenen Problemen und Herausforderungen. Deshalb hat niemand Grund dazu, auf den anderen herabzusehen. Jeder braucht die Unterstützung seiner Mitgeschwister.

Gott hat sich das Prinzip der Gemeinde so ausgedacht, dass wir uns gegenseitig brauchen. Deshalb wird die Gemeinde wie ein Körper beschrieben. Jedes Glied an diesem Leib ist auf die anderen Glieder und vor allem auf das Haupt Jesus angewiesen. (Falls du noch nicht zu einer Gemeinde gehörst: Schließ dich einer an. Auch die Gemeinde ist Gottes Erfindung.)

41

KONKRETE MASSNAHMEN

1. *Brich* DEN BANN

Gott sagt uns, dass wir einander die Sünden bekennen und füreinander beten sollen, damit wir geheilt werden.[33] Das ist eine großartige Chance. Denn solange du dein dunkles Geheimnis für dich behältst, wird es dir kaum gelingen, mit der sündigen Gewohnheit zu brechen. Solange du dich für deine Sünde so sehr schämst, dass du sie keinem sagst, hat der Teufel, der die Dunkelheit liebt, ein leichtes Spiel. Doch wenn du Gottes Licht in die Situation scheinen lässt, deine Sünde eingestehst, deinen Stolz aufgibst, und deine Tat vor einer anderen Person bekennst, dann ist der Bann gebrochen. Das Bekenntnis ist ein wichtiger Schritt zur Veränderung.[34]

Auch wenn es dir schwer fällt – suche dir eine gläubige **Frau**, der du vertraust, und erzähle ihr, womit du kämpfst. Lass Licht in die Dunkelheit!

Laura berichtet:

Mein Weg zur Hilfe

»Wir kennen sie alle, diese unendliche Scham, die uns in ein tiefes Loch zu ziehen scheint. Wir sind machtlos, liefern uns dem Versagen aus und hören auf zu kämpfen. Der Verstand weiß, dass es falsch ist, aber wir folgen unserem inneren Antrieb, der uns sagt, dass es schon okay sei und wir einen kurzen ›Kick‹, einen kleinen Funken Wert empfangen werden. Wenn es dann vorbei ist, hassen, schämen und verabscheuen wir uns bis hin zur Selbstverdammnis: War ja klar, dass du es wieder nicht geschafft hast. Klar, dass du der Begierde nachgegeben hast!

Ich möchte euch mit hineinnehmen, wie ich Hilfe für das Problem der Selbstbefriedigung gefunden habe und wie sich seitdem mein Leben verändert hat. Ich las ein Buch zu dem Thema. Es hat mich total gefesselt, sodass ich es nach drei Stunden komplett durchgelesen hatte. Zum Glück war ich an diesem Tag allein zu Hause, sodass mich keiner stören konnte! Durch dieses Buch[49] durfte ich lernen, dass meine Sucht in den Augen Gottes tatsächlich Sünde ist. Vorher war mir das nicht so deutlich bewusst; es sprach ja auch keiner mit mir darüber. Ich lernte, dass der Satan mit uns leichtes Spiel hat, wenn man sich der Begierde und dem Wunsch des besonderen ›Kicks‹ hingibt. Es läuft immer wieder nach dem gleichen Muster ab: Wir fühlen uns nutzlos oder wertlos, kämpfen gegen das Verlangen an und verlieren dann letztlich doch wieder, haben ein Glücksgefühl, das jedoch nach Sekunden schon wieder abklingt, und fühlen uns miserabel. So wollte ich einfach nicht mehr weiterleben. Ich wollte ein reines und gesundes Leben führen, mit dem ich meinen Partner schon vor einer Beziehung segnen wollte. Ich wollte mich für ihn aufheben und das Glück der Sexualität in der Ehe genießen.

So fasste ich nach langem Hin-und-Her-Überlegen Mut und beschloss, dem Autor einen Brief zu schreiben.

Ich wollte nicht mehr alleine dastehen, nicht alles alleine tragen und durchstehen müssen. Da ich mich gerade in meinem FSJ befand und Gott während dieses Jahres vieles in mir heilte, schien das mir besonders angebracht zu sein. Also schickte ich den Brief ab, voller Hoffnung, aber auch voller Angst und Ungewissheit. Was wäre, wenn der Brief von einer anderen Person geöffnet würde? Immerhin standen dort sehr private Dinge, die man nicht unbedingt jedem erzählt, und ich hatte Angst, dass mich der Leser verurteilen würde. Doch ich wusste irgendwie, dass alles gut werden würde. Selbst wenn ich keine Antwort bekäme, hätte ich wenigstens alles aufgeschrieben und könnte es immer wieder vor Gott hinlegen, als Beweis, dass ich an meinem Problem arbeiten wollte.

Nun ja, es vergingen ein paar Wochen, bis ich den Antwortbrief bekam. Ich konnte es nicht fassen: Er hatte mir tatsächlich geantwortet! An diesem Tag bin ich fast ausgeflippt vor Freude, es hat mich so sehr berührt, da ich irgendwie doch nicht so schnell damit gerechnet hatte. Zeitweise war ich mir auch so unsicher, ob es richtig war. Jemand wusste auf einmal, wie es in mir aussah. Als ich den Brief las, saß ich ganz allein in meinem Zimmer und begann zu weinen. Mir wurde zugehört, der Autor hatte sich meiner angenommen und mich nicht verurteilt, er nahm mich, wie ich war, und sicherte mir Hilfe zu. Ich war so überwältigt, denn der Frieden, den ich vorher empfand, erwies sich als genau richtig. Dadurch, dass mir dieser Brief beantwortet wurde, empfand ich eine riesengroße Wertschätzung, die ich niemals vergessen werde. Ich durfte lernen, dass es sich lohnt, wenn man sich öffnet.

Es kam so, dass der Autor den Kontakt zu seiner Tochter, die sich um Mädels wie mich kümmerte, herstellte. Das fiel mir zunächst noch etwas schwer. Gerade hatte ich mich einer Person geöffnet, und jetzt sollte ich dasselbe schon wieder tun? Würde ich diesmal verurteilt werden? Ich hatte mich total verletzbar gemacht. Doch diese Gedanken konnte ich schnell beiseitelegen. Wir vereinbarten ein Telefongespräch, und ich durfte dieser Frau ganz frei meine Gedanken, Gefühle und meine Lage schildern. Anfangs war es für mich sehr schwer, darüber zu reden, da die schriftliche Form doch um einiges leichter war, aber mit der Zeit fasste ich Vertrauen. Sie sagte mir, wie gut es sei, dass ich diesen Schritt gewagt hatte und Hilfe in Anspruch nehmen wollte.

Mir war bewusst, dass ich gesündigt hatte, doch in diesem Moment fühlte ich mich so gesegnet, da sie mir mit großer Liebe zuhörte. Ich freute mich wirklich, ihre ermutigenden Worte zu hören, weil das nochmals bestätigte, dass es richtig war, mich nicht alleine mit meinem Geheimnis einzukapseln, sondern es preiszugeben. Diese Schwester wies mich auch auf Jakobus 5,16 hin, wo steht: ›Bekennt nun einander die Sünden und betet füreinander, damit ihr geheilt werdet; das inbrünstige Gebet eines Gerechten vermag viel.‹

Wow, was für ein starker Vers! Er begleitet mich seitdem immer wieder und macht mir bewusst: Es war richtig, meine Schuld zu bekennen. Gott möchte mir vergeben und hat es schon getan. Und auch wenn ich manchmal wieder in die Falle des Teufels tappe, weiß ich, dass ich wieder aufstehen darf und geliebt bin, so wie ich bin. Vor allem aber, dass ich nicht alleine dastehe und dass es vielen Mädchen ergeht wie mir. Wenn der Teufel versucht, mich zu erwischen, schleudere ich ihm genau diesen Vers entgegen: ›Unterwerft euch nun Gott. Widersteht aber dem Teufel, und er wird von euch fliehen‹ (Jakobus 4,7).

Der Teufel hat keine Macht über uns und unseren Wert, denn diesen haben wir allein von Gott. Wir brauchen keinen ›Kick‹, der sowieso nur zum Selbsthass führt. Wir dürfen uns von Gott emporheben lassen, indem wir uns eingestehen, dass er Hilfe schenkt, wenn wir uns jemandem anvertrauen, der mit uns betet.

Wenn ihr in derselben Situation seid, möchte ich euch ermutigen, euch eine Mentorin, eine Vertraute zu suchen, die euch auf diesem kräftezehrenden Kampf hilft und für euch betet. Es lohnt sich! Gebt nicht auf, und lasst Gott weiter für euch kämpfen, denn ich bin sicher, dass er Sieg schenken wird.«

2. *Suche* DIR EINE RECHENSCHAFTS-PARTNERIN

Es ist eine große Hilfe, wenn du deine Vertrauensperson ermächtigst, Rechenschaft von dir zu fordern. Suche dir dazu eine Frau aus, die im Glauben gefestigt ist und der du vertraust.

Das könnte beinhalten, dass sie für dich da ist, wenn du Hilfe und Ermutigung brauchst, und dass sie nachfragt, wie es dir geht und ob du konsequent bist. Vielleicht kontrolliert sie über eine Schutzsoftware dein Smartphone oder deinen Laptop (zum Beispiel mit »x3watch free«). Und natürlich sollte sie mit dir und für dich beten. Vielleicht kannst du dich auch bei ihr melden, wenn du akut versucht bist, damit sie dann ganz konkret für dich betet. Gut wäre es, wenn du in der Versuchung einfach zu ihr kommen könntest, um abgelenkt zu sein. (Dafür kann es auch hilfreich sein, wenn mehrere Frauen von deinem Problem wissen, weil eine Person natürlich nicht immer Zeit haben kann.)

Nutze das Geschenk, dass Gott dir Glaubensgeschwister an die Seite gestellt hat. Du brauchst kein Einzelkämpfer zu sein!

3. ERSTE HILFE BEI *Gefahrensituationen*

Wenn du das Prinzip »Liebe auf den zweiten Blick« auslebst und somit dem Zerstörer widerstehst, dann wird er von dir fliehen. Sei ehrlich vor dir selbst. Finde heraus, welche Situationen dich immer wieder zu Fall bringen, und sei in diesen konsequent. Überlege dir dazu vorher, was du tun möchtest, wenn du mit unguten Gedanken oder Bildern konfrontiert bist. Hier ein paar praktische Vorschläge:

- Bete, richte deinen Blick auf Jesus.
- Lies in der Bibel – suche dir vorher Bibelverse aus, die du dir selbst vorliest oder aufsagst.
- Rufe jemanden an, z. B. deine Vertrauensperson.
- Wenn du musikalisch bist: Mache Musik, singe ein Lied.
- Erledige irgendwas im Haushalt, räume z. B. die Spülmaschine aus.
- Gehe spazieren oder joggen.
- Unternimm etwas mit einer Freundin.

Aus Alicias Tagebuch:
30.04.2018

»Als die Versuchung heute kam, zog ich mir Sportsachen an und ging joggen. Ich wurde mit jedem Meter dankbarer, dass Gott mich aus der Versuchung rettete und mir die Kraft gab, vor der Sünde zu fliehen. Ich fühlte mich wie Joseph, der vor der Frau Potiphars wegläuft, als diese ihn verführen wollte.«

4. Vermeide LANGEWEILE

»Müßiggang ist aller Laster Anfang.« Die Versuchung wird wahrscheinlich nicht kommen, wenn du gerade sehr beschäftigt bist, sondern wenn du Langeweile oder viel Zeit hast. So war es auch bei König David. Als er zu Hause blieb, anstatt seine Truppen anzuführen, blieb er lange im Bett und sah anschließend Bathseba baden, mit der er bald danach Ehebruch beging.[35]

Vermeide daher Langeweile. Suche dir sinnvolle Beschäftigungen, finde heraus, wo deine Begabungen liegen, und setze sie für Gott und für andere ein. Denn er hat dir eine ganz besondere Kombination von Stärken und Gaben gegeben. Deswegen kann die Aufgaben, die er für dich vorbereitet hat, niemand so gut ausführen wie du!

Auch Einsamkeit oder häufiges Alleinsein kann ein Knackpunkt sein. Wenn du in einsamen Momenten angefochten bist, dann vermeide sie und lade Leute ein, öffne deine Tür oder besuche andere.

5. WAS KANNST DU *präventiv* TUN?

- Besorge dir einen Filter oder eine Rechenschaftssoftware für dein Handy, dein Tablet oder deinen PC.
- Lasse entsprechende Seiten sperren.
- Schränke dein Internetvolumen am Smartphone ein.
- Melde dich von Seiten ab, die dir zum Verhängnis werden.
- Lasse jemanden deinen Verlauf kontrollieren.
- Benutze das Internet nur dort, wo andere dich sehen, zum Beispiel in der Küche oder im Wohnzimmer, während andere auch dort sind.
- Ändere deinen Tagesablauf, um kritische Situationen zu vermeiden.
- Wirf die Bücher weg, die dich zur Sünde verleiten.
- Meide Liebesfilme. Sie enthalten oft Bettszenen, die dich in Gefahr bringen. Außerdem vermitteln sie häufig eine Scheinwelt und ein völlig unrealistisches Bild von Liebe, Männern und Beziehungen.
- Achte auf die Altersfreigabe; bei Filmen ab 16 sind Sexszenen fast schon garantiert, aber bei niedrigerer Freigabe auch nicht selten.
- Lies die Zusammenfassung von Filmen, denn oft merkt man daran schon, was einen erwartet.
- Wenn dein Fernseher dir immer wieder zum Verhängnis wird: Schmeiße ihn raus. Bilder haben eine unglaubliche Macht, ziehen uns in ihren Bann, hängen sich an uns wie Kletten und verfolgen uns in unserer Erinnerung.
- Investiere in gute Freundschaften.
- Lerne Bibelverse auswendig, die in brenzligen Situationen hilfreich sind.
- Stelle dir Hinweise oder hilfreiche Bibelverse ins Blickfeld, z. B. an den Bildschirm deines Computers oder auf deinen Schreib- oder Nachttisch.
- Bitte Gott, dir die Bilder wegzunehmen, die dich in deinen Gedanken und Träumen verfolgen.
- Verschenke dein Smartphone oder dein Tablet, wenn diese Geräte dir trotz allem zum Verhängnis werden. Vielleicht schreist du bei diesem Vorschlag innerlich auf: »Aber ohne Smartphone kann ich nicht leben!« In Matthäus 5 spricht Jesus von sehr drastischen Maßnahmen, die wir

ergreifen sollen, um u.a. sexuellen Sünden vorzubeugen. Auch wenn seine Worte bildlich gemeint sind und wir nicht buchstäblich unser Auge ausreißen oder unsere Hand abhacken sollen, so ist trotzdem eine konsequente, drastische Maßnahme gemeint, die präventiv wirkt. Es ist besser, ohne Smartphone zu leben, als durch Pornografie sein Leben und seine Gefühlswelt zu zerstören.

- Vielleicht ist es dir auch eine Motivation, im Kalender die Tage anzukreuzen, an denen du siegreich warst. Sieh dabei auf jeden einzelnen Tag, nicht direkt auf den Rest deines Lebens. Jesus sagt, dass jeder Tag an seinem Übel genug hat.[36] Denke daran: Du kannst *heute* treu sein.

6. Füttere DEIN DENKEN MIT GUTEM INPUT

»Und seid nicht gleichförmig dieser Welt, sondern werdet verwandelt durch die Erneuerung eures Sinnes, dass ihr prüfen mögt, was der gute und wohlgefällige und vollkommene Wille Gottes ist« (Römer 12,2).

Es ist gut, wenn dein Kopf und vor allem dein Herz voll von Gottes Wort sind. Dafür ist es sehr hilfreich, Bibelverse auswendig zu lernen. So wird dein Denken verändert, und du kannst das Leben zunehmend aus Gottes Sicht sehen. Wenn dein Denken ganz von der Bibel durchdrungen ist (jemand hat es mal »biblin« genannt), dann wirst du in viele Fallen des Teufels gar nicht erst hineintappen.[37] Also: Bibel lesen, Bibel lesen, Bibel lesen!

IST ES ZUMUTBAR, MIT UNERFÜLLTEN WÜNSCHEN ZU LEBEN?

Vielleicht bist du Single und fragst dich: Wie soll ich es schaffen, bis zur Ehe oder vielleicht sogar bis zum Ende meines Lebens auf das Ausleben meiner Sexualität zu verzichten? Ist das zumutbar? Warum hat Gott mir dieses Verlangen überhaupt gegeben, wenn es nie gestillt werden wird?

Sexualität ist etwas Wunderschönes und Gutes, denn Gott hat sie sich ausgedacht. Wenn du einen starken Drang dazu hast, wirst du (wenn du heiratest) eines Tages deinen Mann damit sehr erfreuen können. Solltest du ledig bleiben: Je länger du »Liebe auf den zweiten Blick« praktizierst, desto mehr wird dein Verlangen nachlassen. Irgendwann wirst du dich wundern, dass es einmal anders sein konnte.

Gott mutet dir nichts zu, was dir zum Nachteil ist. Vielleicht sehen Dinge oder Situationen für dich manchmal zuerst negativ und nachteilig aus, aber Gott hat den Überblick. Er weiß, was er tut[38], und alles wird zu deinem Besten dienen.[39] Wenn du ihm glaubst und gehorchst, wird es dir gut gehen. **Probiere es aus.** Du kannst ein erfülltes und glückliches Leben führen, auch ohne deine Sexualität auszuleben. Dafür gibt es viele lebende Beweise.

GOTT GIBT DIR *alles,* WAS GUT FÜR DICH IST

Es wird dein Leben lang so sein, dass dir ein Teil deiner Wünsche versagt bleibt. Selbst wenn du heiratest – vielleicht bekommst du keine Kinder, vielleicht kannst du kein Haus bauen, vielleicht wirst du krank, vielleicht stirbt dein Mann früh, vielleicht lebt ihr am Existenzminimum, vielleicht bleiben dir Enkelkinder versagt. Es ist eine Tatsache: Du wirst immer unerfüllte Wünsche haben.

Jesus allein ist es, der dich wirklich glücklich machen kann. Wenn du ihn hast, dann hast du alles. Wenn du ihn nicht hast, dann hast du letztlich nichts. Diese Freude ist unabhängig von äußeren Umständen wie Gesundheit, Familienstand, finanzieller Lage oder anderen Dingen.

»Denn der HERR, Gott, ist Sonne und Schild; Gnade und Herrlichkeit wird der HERR geben, kein Gutes vorenthalten denen, die in Lauterkeit wandeln« (Psalm 84,12).

Gott verspricht dir, dass er dir nichts Gutes vorenthalten wird. Im Umkehrschluss heißt das: Wenn du jetzt einen unerfüllten Wunsch hast, dann ist das gut für dich.

Glaubst du Gott das?

Es wäre für ihn ein Leichtes, alle deine Wünsche sofort zu erfüllen. Aber wenn er es aushält, dass du traurig bist, dich beklagst und ihm Vorwürfe machst – wie lieb hat er dich, dass er all das aushält, um dir zur genau richtigen Zeit das zu geben, was gut für dich ist!

Jesus Christus IST ES WERT

Jesus hat dich so lieb, und er hat so vieles für dich aufgegeben – **ist er es nicht wert, dass du fröhlich zu seiner Ehre lebst?**

In Titus 2 wird gesagt, dass wir mit unserem Leben Gottes Botschaft an die Welt »zieren«, also schmücken können. Jesus hat dich vom ewigen Tod gerettet. Alles, was in deinem Leben besser ist als die Hölle, ist Gnade. Gott schenkt dir so vieles. Vielleicht Gesundheit, leckeres Essen, ein Dach über dem Kopf, eine Familie, einen Ausbildungsplatz, einen Job, Freunde, freie Zeit, Hobbys, ein Leben in einem Land ohne Krieg und Verfolgung. Nimm die vielen schönen Dinge deines Lebens wahr, die kein bisschen selbstverständlich sind.

»Denn ihr seid um einen Preis erkauft worden; verherrlicht nun Gott in eurem Leib« (1. Korinther 6,20).

DREH DICH UM *andere*

Entgegen dem, was unsere Gesellschaft uns über Selbstverwirklichung vorgaukelt, sagt Jesus, dass unsere eigensüchtigen Wünsche und Vorstellungen sterben sollen.[40]

»Wenn es nun irgendeine Ermunterung gibt in Christus, wenn irgendeinen Trost der Liebe, wenn irgendeine Gemeinschaft des Geistes, wenn irgend innerliche Gefühle und Erbarmungen, so erfüllt meine Freude, dass ihr gleich gesinnt seid, dieselbe Liebe habend, einmütig, eines Sinnes, nichts aus Streitsucht oder eitlem Ruhm tuend, sondern in der Demut einer den anderen höher achtend als sich selbst; ein jeder nicht auf das Seine sehend, sondern ein jeder auch auf das der anderen. Denn diese Gesinnung sei in euch, die auch in Christus Jesus war ...« (Philipper 2,1-5a).

Sieh die anderen. Wenn du dich nicht um dich selbst drehst, sondern dich um andere kümmerst, dann wirst du viel Freude erleben und Jesus durch dein Leben ehren. **Nimm die Bedürfnisse der anderen wichtiger als deine eigenen, und erlebe, dass Gott sich um deine Bedürfnisse kümmert.**

»Mein Gott aber wird alles, wessen ihr bedürft, erfüllen nach seinem Reichtum in Herrlichkeit in Christus Jesus« (Philipper 4,19).[41]

EINES TAGES WIRST DU *keine* FRAGEN MEHR HABEN

Vielleicht lebst du momentan mit vielen Fragen: »Warum hat Gott mich in die Umstände hineingestellt, in denen ich bin? Warum versagt er mir meinen größten Herzenswunsch? Warum dürfen andere das haben, was mir versagt bleibt? Was hat er sich dabei gedacht, dass ...?«

In Johannes 16 erzählt Jesus seinen Jüngern von dem Tag, an dem er wiederkommen und uns zu sich holen wird. Er beschreibt, wie sehr wir uns freuen werden und dass uns niemand diese Freude nehmen wird. Dann sagt er etwas Bemerkenswertes: »Und an jenem Tag werdet ihr mich nichts fragen« (Johannes 16,23a).

So viele Menschen drohen wütend an: »Wenn ich vor Gott stehe, dann werde ich ihn erst einmal fragen, warum ...« Andere äußern sich vielleicht nicht ganz so dreist, aber doch mit ähnlichen Gedanken: »Wenn ich im Himmel bin, dann bin ich gespannt darauf zu erfahren, warum Gott das und das gemacht hat!« Aber Jesus sagt: »An jenem Tag werdet ihr mich nichts fragen.«

Wie kann das sein? Ich vermute, dass ein Blick in sein Gesicht uns überwältigen wird. Wenn wir sehen, wie liebevoll der Herr uns anschaut, wie er sich freut, uns zu sehen, dann werden wir im gleichen Moment wissen: **ALLES, WAS ER TAT, WAR REINSTE LIEBE!** Wir werden keine Fragen mehr haben. Weil wir endlich bei dem sind, der uns vollkommen liebt!

BRAUCHST DU HILFE?

Ich weiß, wie herausfordernd das Leben in unserer Gesellschaft ist, denn ich bin Single, Jahrgang 1974, und kenne aus eigener Erfahrung die Kämpfe und Versuchungen, die der Alltag mit sich bringt. Durch dieses Heft möchte ich dich zusammen mit vielen anderen Personen ermutigen, dich an Gottes gute Betriebsanleitung für dein Leben zu halten und froh und frei von jeglichem Ballast zu seiner Ehre zu leben. Wir wünschen uns so sehr, dass Gott dir durch das Niedergeschriebene weiterhilft!

Wenn du Unterstützung brauchst und keine Person in deiner Gemeinde oder in deinem Umkreis hast, der du dich anvertrauen kannst, dann kannst du uns gerne über den Verlag schreiben:

Christliche Literatur-Verbreitung e.V.
Ravensberger Bleiche 6, 33649 Bielefeld
info@clv.de

Wir werden versuchen, dir Kontakt zu einer Frau in deiner Nähe oder aus unserem erweiterten Team zu vermitteln, mit der du telefonieren oder schreiben kannst und die dir weiterhilft.

LITERATUR *empfehlungen*

- Heath Lambert: Endlich frei!, CLV
- Randy Alcorn: Beschütze dein Herz, CLV
- Wolfgang Bühne: Kann denn Liebe Sünde sein?, CLV

Weitere Literaturempfehlungen zu erweiterten Themen:

- Elisabeth Elliot: Mann sein – Frau sein, CLV
- Elisabeth Elliot: Eine harte Liebe, CLV

Schutzprogramme FÜR TECHNISCHE GERÄTE

- Hier findest du eine kostenlose Rechenschaftssoftware (x3watch free): https://www.x3watch.com/buy?type=free
- Fürs iPhone: https://support.apple.com/de-de/HT201304
- Net.Nanny
    - Norton Family
        - Salfeld

DEIN KIND BRAUCHT DICH – ANREGUNGEN FÜR ELTERN

Vielleicht kannst du dir nicht vorstellen, dass dein Kind einmal in Pornografie hineinrutschen könnte. Du behütest es so gut, wie du kannst, und gibst ihm guten Input. Doch leider wird heute auch von außen vieles an die Kinder herangetragen, was Eltern nicht immer mitbekommen können. Das durchschnittliche Alter, in dem Kinder das erste Mal mit pornografischen Bildern konfrontiert wurden, lag im Jahr 2017 bei 12,7 Jahren. Das ist der Durchschnitt und bedeutet, dass viele Kinder schon deutlich früher Pornografie begegnen, oft durch Freunde und übers Smartphone.[42] Deshalb ist es wichtig, dass du deinem Kind immer wieder vermittelst: »Du kannst mir alles erzählen, du kannst mich alles fragen, zwischen uns gibt es keine Tabu-Themen. Ich habe dich lieb, egal was du tust.« Das wird eine gute Grundlage dafür sein, dass dein Kind sich auch mit schambehafteten Problemen an dich wendet.

Ernst und Barbara, die beide jahrelang mit Pornografie gelebt haben und selbst Eltern sind, empfehlen:

»Die Aufklärung sollte laufend erfolgen, alltagsbezogen und altersgerecht sein. Dazu gehört auch, dass man über Pornografie spricht. Es ist wichtig, von Beginn an mit den Kindern über den Körper und die Sexualität, wie Gott sie sich gedacht hat, zu sprechen, ohne falsche Scham. Man bringt sie damit nicht auf dumme Ideen. Im Gegenteil, so fangen sie nicht an, sich heimlich bei Quellen zu informieren, die ihnen meist schaden. Wenn ein Kind weiß, dass es mit Mama und Papa jederzeit darüber reden kann, es Themen nicht ausklammern muss, wird es Vertrauen haben und auch belastende Situationen den Eltern anvertrauen.«[43]

Man sollte nicht unnötig viel und
zu ausführlich über dieses Thema reden.
Doch bevor dein Kind von anderen aufgeklärt wird
(Schule, Freunde, Internet), sollte es von dir aufgeklärt
worden sein. Außerdem ist deine Verantwortung, ab welchem
Alter und wie lange dein Kind im Internet unterwegs sein darf. Dabei
sollte es sich an einem Ort aufhalten, an dem du jederzeit auf den Bildschirm
schauen kannst.

Einen Führerschein darf man erst ab 17 Jahren machen, weil der Gesetz-
geber einen Teenager noch zu unreif dafür hält. Ab wann mutest du deinem
Kind den freien Umgang mit dem Internet zu?

Julia berichtet:

»Bereits als Kind glaubte ich an Gott und gab Jesus Christus mein Herz und mein Leben. Und das meinte ich auch so. Gleichzeitig war da ein Teil meines Herzens, den ich für mich und meine Wünsche behalten wollte. Häufig hörte ich nicht auf meine Eltern. Ich rebellierte leise, hinten herum. So war es später den größten Teil meines Erwachsenenlebens auch in Bezug auf Gott.

Ungefähr in der Zeit des Wechsels von der Grundschule auf die weiterführende Schule bekam ich zum ersten Mal ein Bild von nackten Menschen gezeigt. Zwei Schulkameradinnen hatten es beim Spielen auf einem Berg aus Müll und Bauschutt gefunden. An ihrem seltsamen Gehabe konnte ich erkennen, dass sie nichts Schönes zu zeigen hatten, aber ich war neugierig, also schaute ich hin. Nur kurz, denn ich empfand das Gezeigte als eklig und widerwärtig. Es brauchte eine ganze Weile, bis das Bild nicht mehr in meiner Erinnerung hochkam.

Vielleicht ein Jahr später wurde meine Sexualität geweckt. Ich hatte dies nicht selbst gesucht, und es war auch kein anderer Mensch beteiligt gewesen. Im Sexualkundeunterricht der Schule weckte die Beschreibung des menschlichen Körpers meine Neugierde weiter. Ungefähr in dieser Zeit wurden mir Jugendzeitschriften gezeigt mit mehr als aufklärerischem Inhalt. Wieder stand ich vor der Entscheidung: Schaue ich hin und stille meine Neugier, oder lehne ich ab und erzähle meinen Eltern davon? Wieder entschied ich mich, hinzuschauen. Ich denke, dies war der Anfang meines Hineinschlitterns bzw. Hineinlaufens in den sündigen Umgang mit meiner Sexualität.

Es war auch der Beginn meines Kampfes mit der Selbstbefriedigung. Bilder und Beschreibungen lösten in mir einen Sog aus, den ich befriedigen wollte. Ein freies Gewissen hatte ich dabei und vor allem danach nicht. Aber das verdrängte ich, denn dieses schöne neue Gefühl wollte ich gerne wiederhaben. So hatte ich also eine heimliche Seite in meinem Leben, die ich niemals vor anderen Leuten hätte zugeben wollen, von der ich aber auch nicht lassen wollte. Dies alles lief in Phasen ab. Manchmal aus Langeweile, oft, weil mein Verlangen wuchs, befriedigte ich mich selbst. Danach, was auch erst nach ein paar Tagen sein konnte, fühlte ich mich leer, unzufrieden und hatte ein schlechtes Gewissen. Als ich älter wurde, kam es immer mehr zu ›Grenzüberschreitungen‹ auf der Suche nach mehr Anregung. Einmal, als ich noch bei meinen Eltern wohnte, suchte ich im Internet nach Bildern und schämte mich hinterher dafür. Später wurde dies gängige Praxis.

Im normalen Alltag war es weiterhin mein Wunsch, mit Gott zu leben. Immer mal wieder überwältigte mich mein Gewissen so sehr, dass ich meine Sünden vor Gott bekannte und vor ihm weinte. Dennoch wollte ich nicht ehrlich loslassen und suchte auch nicht aufrichtig nach Hilfe. Es war mir sehr peinlich, und ich glaubte, die Einzige zu sein mit diesem Problem. Der Hauptgrund, dass ich die Sünde nicht lassen konnte, war aber, dass ich die Selbstbefriedigung nicht ehrlich aufgeben wollte.

Mit so vielen unreinen Gedanken in Kopf und Herz wuchs in mir mit der Zeit der Wunsch nach einem Sexualpartner. In Tagträumen und auch bei der Selbstbefriedigung hatte ich bereits mit etlichen Männern geschlafen. Gott war mir nicht mehr wichtig, sondern – im Gegenteil – eher lästig geworden. Also entschied ich mich, ihn bewusst aus meinem Leben zu verbannen. Nicht nach außen hin, da tat ich weiter fromm. Aber nun wollte ich meine Vorstellungen von echtem Leben ausleben. Mit meinem ersten Freund, der Gott ablehnte, wurde ich intim. Außerdem kam ich durch ihn in Berührung mit Pornografie. Ich redete mir starke Gefühle für diesen jungen Mann ein, war aber nie wirklich erfüllt und froh und empfand auch den Geschlechtsverkehr nicht als schön. Das schlechte Gewissen war allgegenwärtig.

Nach einigen Monaten Beziehung las ich nach längerer Zeit wieder mit suchendem Herzen in der Bibel. Ein Bibelvers sprach mich ganz direkt an und hielt mir einen Spiegel vor. Gott zeigte mir, wie unbelehrbar ich gewesen war und wohin mich das gebracht hatte.

Gleichzeitig sagte er mir, dass er mir trotz allem vergeben und mein Leben wieder in gute Bahnen lenken wollte. Ich sagte Gott offen, was ich alles falsch gemacht hatte. Ich bat ihn um Vergebung und um Hilfe. Vor meinen Eltern und einem Ältesten bekannte ich die Beziehung.

Es dauerte aber, bis ich aus der Beziehung herauskam. Dabei verletzte ich und wurde verletzt. Lange Zeit misstraute ich Männern und ihren Intentionen.

Nun startete ich neu durch mit Gott. Nie wieder sollte mir so etwas passieren! Ich war dankbar für Gottes Vergebung und Annahme und wollte wieder mit und für ihn leben. Ich las gerne in der Bibel und arbeitete in der Gemeinde mit. Aber der Kampf mit der Selbstbefriedigung blieb, ebenso meine Scham und der Wunsch, dass möglichst niemand sonst von meinen Fehltritten erfahren sollte. Eine Folge war, dass ich im Umgang mit meinen Mitmenschen nicht ganz frei war. Außerdem baute ich eine Art Gesetzlichkeit auf. In manchen Lebensbereichen hatte ich strenge Ansichten und bewertete den ›geistlichen Grad‹ anderer Christen, auch meinen, danach. Dabei arbeitete ich aber nicht an dem eigentlichen Knackpunkt, nämlich mit Gottes Hilfe ein ehrliches, transparentes Leben in Reinheit zu führen.

Bei einem christlichen Vortrag erzählte der Redner von seinen Rechenschaftsbeziehungen. Damit meinte er Christen, mit denen er sich regelmäßig trifft. Bei diesen Treffen geht es darum, sich gegenseitig zu helfen, in allen Lebensbereichen gottgemäß zu leben, offen über die persönlichen Kämpfe und Siege zu reden und füreinander zu beten.

Solch eine Rechenschaftsperson brauchte ich auch! Ich bat Gott um Hilfe und sprach dann eine Frau an, der ich vertraute. Einige meiner Probleme und Nöte konnte ich ihr anvertrauen; wir beteten zusammen, und in den Folgejahren fragte sie immer wieder nach, wie es mir mit meinem Problem der Selbstbefriedigung ging. Sie wusste um Zeiten, in denen ich besonders anfällig war, und betete gerade dann intensiver.

Auch wenn ich mich manchmal scheute, ihr ehrlich zu antworten, war dies ein wichtiger Schritt dahin, in Gedanken, im Wollen und im Handeln loszukommen von der Macht, die mein sexuelles Verlangen über mich gewonnen hatte. Hilfreich war auch das Lesen mancher Bücher zum Thema Sexualität. Ich begann zu verstehen, dass es nicht nur Lustbefriedigung war, die ich erstrebte. Ich sehnte mich nach mehr, nach echter Nähe, Annahme und Liebe.

Wenn ich ehrlich bin, kämpfe ich auch heute noch mit den Folgen meiner vielen falschen Entscheidungen. Mit Erschrecken erlebe ich, wie das kleine putzige Kätzchen zu einer lebensbedrohlichen Raubkatze herangewachsen ist. Hatte ich anfänglich nur ein schönes Gefühl genießen wollen, so ist im Laufe der Zeit eine Abhängigkeit daraus geworden. Hatte ich zu Beginn noch das Gefühl gehabt, alles unter Kontrolle zu haben, so musste ich später sehen, dass die vielen Bilder und Gedanken so viel Raum in mir einnahmen, dass ich nur mit der Hilfe von Gott und anderen Menschen davon frei werden konnte.

Was mich zuletzt dazu gebracht hat, aufrichtig loskommen zu wollen von sexuellen Sünden, ist, dass Gott mir den Blick dafür geöffnet hat, was meine Sünden aus mir gemacht haben. Zu sehen, wie verseucht meine Gedanken sind und wie ich, ohne es zu wollen, meine Mitmenschen immer wieder nur als sexuelle Wesen und nicht als Gottes Geschöpfe wahrnehme. Und zu sehen, dass ich mein Leben vergeude, dass ich mich permanent um mich selbst drehe, statt so zu leben, dass es um Gott und um seine Ehre geht. Wenn ich jetzt schon manches bereue: Wie schlimm muss es erst sein, im Himmel zu sehen, wie viele von Gottes Gaben und Möglichkeiten ich vergeudet habe! Deshalb habe ich mich entschieden: Mit Gottes Hilfe möchte ich dem sexuellen Verlangen in Wollen, Gedanken und Taten nicht mehr nachgeben. Sexuelle Sünden sollen kein Teil meines Lebens mehr sein. Sie sind Vergangenheit und haben in meinem Leben mit Gott nichts mehr zu suchen.

Alleine kann ich diese Entscheidung nicht durch-ziehen. Auf mich alleine gestellt, vergesse oder verwerfe ich meine Vorsätze bereits nach wenigen Minuten. Aber Gott hat mir Menschen an die Seite gestellt, denen ich noch ein wenig mehr von meinen Versuchungen berichten konnte und die gezielt für mich beten. Ich darf mich regelmäßig mit reifen Christen treffen. Diese Schwestern helfen mir dabei, Gott und seine Gedanken noch besser zu verstehen. Und sie helfen, meine falschen Gedanken und Gewohnheiten anhand der Bibel zu entlarven und gezielt anzugehen.«

TIPPS FÜR MENTORINNEN

Wenn sich eine Frau an dich wendet und dich um Unterstützung bittet, dann hat sie einen mutigen und wichtigen Schritt getan. Du kannst ihr eine riesengroße Hilfe und Ermutigung sein. Hier sind ein paar »Erste-Hilfe-Tipps« für dich (ohne Anspruch auf Vollständigkeit):

- Vermittle ihr Jesu Liebe, die bedingungslos ist. Versichere ihr, dass ihre Sünde nicht »schlimmer« ist als andere Sünden – auch wenn die Auswirkungen natürlich schlimmer sein können. Versuche herauszufinden, ob sie Gottes Vergebung verstanden und angenommen hat.
- Hilf ihr, aus Gottes Gnade und Vergebung zu leben, die Beziehung zu Jesus zu pflegen und so zu leben, dass der Heilige Geist in ihr wirken kann.
- Motiviere sie zum Bibellesen, damit ihr ganzes Denken verändert wird. Triff dich mit ihr, damit ihr gemeinsam in der Bibel lesen und beten könnt.
- Motiviere sie, gute Bücher zu lesen, die sie im Glauben stärken.
- Hilf ihr, die geistliche Waffenrüstung anzulegen.
- Hilf ihr, ihre Begabungen herauszufinden und sie für Gott und Mensch einzusetzen. Nimm sie mit, um in der Gemeinde zu helfen und sich praktisch einzusetzen.
- Hilf ihr herauszufinden, in welchen Situationen sie immer wieder zu Fall kommt. Lass sie präventive Handlungsalternativen überlegen und unterstütze sie bei der Umsetzung.

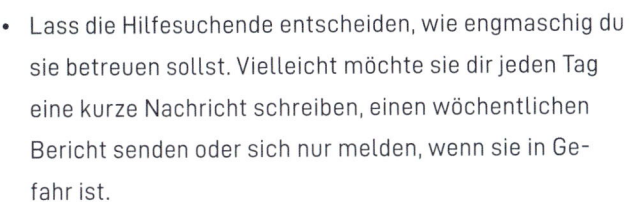

- Lass die Hilfesuchende entscheiden, wie engmaschig du sie betreuen sollst. Vielleicht möchte sie dir jeden Tag eine kurze Nachricht schreiben, einen wöchentlichen Bericht senden oder sich nur melden, wenn sie in Gefahr ist.
- Frage immer wieder nach, wie es ihr geht und wie sie mit Sieg und Niederlage umgeht.
- Überlegt gemeinsam, ob eine Software für ihre technischen Geräte eine Hilfe sein könnte. Es gibt zum Beispiel Programme, die ihren kompletten Internetverlauf an dich schicken (siehe Seite 57, Rechenschaftssoftware). Das kann eine große Hilfe sein, wenn Internetseiten sie zu Fall bringen. Außerdem könnte sie bestimmte Seiten komplett sperren lassen oder ihren Internetzugang zeitlich begrenzen.
- Erinnere sie immer wieder daran, dass sie kein Sklave der Sünde mehr ist und sie der Sünde nicht mehr dienen muss, weil Jesus sie frei gemacht hat. Achte darauf, dass sie um ihre Stellung in Christus weiß und aus Glauben lebt.

ERMUTIGUNG FÜR GEMEINDE-MITARBEITER

Seit ich mich getraut habe, über die Kämpfe in meiner Gedankenwelt zu sprechen, haben sich mir einige Mädchen und Frauen anvertraut, die auf sexuellem Gebiet in der Sünde gefangen sind. Eines hatten sie alle gemeinsam: Sie haben sich entsetzlich geschämt, und es war für sie eine riesige Hürde, sich jemandem anzuvertrauen. Außerdem dachten viele, sie wären völlig unnormal, »weil ja nur Männer dieses Problem haben«. Ich denke daher, dass es unglaublich wichtig ist, dass wir in diesem Bereich Aufklärungsarbeit leisten. Eltern, Jungschar-, Teeniekreis- und Jugendmitarbeiter, Seelsorger und Älteste sollten vor Augen haben, wie groß mittlerweile

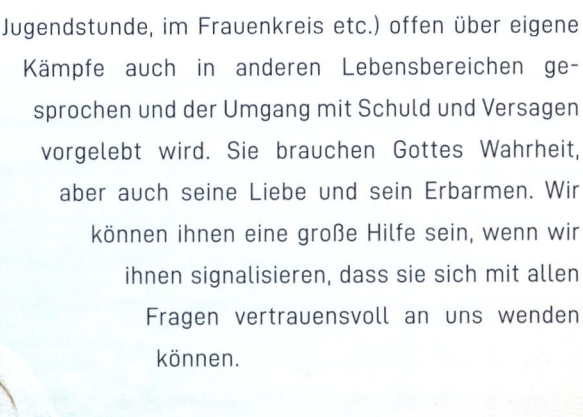

das Problem der Selbstbefriedigung und auch der Pornografie unter Frauen geworden ist: Je nach Statistik sind 20 bis 40 % der Pornografiekonsumenten Frauen. (Die Statistiken stammen meist aus den USA, weil in Deutschland erst wenige Statistiken zu diesem Thema erstellt wurden. Doch die Zahlen werden ähnlich sein, wie man aus Umfragen unter Frauen mit Gemeinde- hintergrund erkennen kann.[44]) Leider gibt es sogar Bemühungen der Politik, »feministische Pornos« zu fördern.[45]

Den betroffenen Mädchen und Frauen wird es leichter fallen, sich zu öffnen und Hilfe zu suchen, wenn in der Gemeinde (sowie in der Jugendstunde, im Frauenkreis etc.) offen über eigene Kämpfe auch in anderen Lebensbereichen ge- sprochen und der Umgang mit Schuld und Versagen vorgelebt wird. Sie brauchen Gottes Wahrheit, aber auch seine Liebe und sein Erbarmen. Wir können ihnen eine große Hilfe sein, wenn wir ihnen signalisieren, dass sie sich mit allen Fragen vertrauensvoll an uns wenden können.

Aus Alicias Tagebuch:
29.01.2018

»Heute Morgen habe ich bewusst dafür gebetet, dass Gott mir Kraft, Durchhaltevermögen und Widerstandskraft gibt. Ich wusste, ein Lerntag lag vor mir. Ich würde also alleine in meiner Wohnung sitzen und den Tag am Schreibtisch verbringen. Das bedeutet immer eine besonders große Versuchung – ich bin alleine, und zwischendurch brauche ich Pausen vom Lernen. Im Großen und Ganzen bin ich eher unmotiviert und heiße jede Ablenkung willkommen. Da ich das alles weiß und meine ›Problemzonen‹ mittlerweile ziemlich gut kenne, habe ich also heute Morgen schon gewusst, dass der Tag eine Herausforderung werden wird. Nach dem Beten überlegte ich, einer Freundin, die von meinem Problem weiß, präventiv zu schreiben, damit ich mich stärker kontrolliert fühle.

Leider entschied ich mich, wie schon so oft, dagegen, weil ich nicht wollte, dass sie denkt, ich hätte mich nicht unter Kontrolle ... Ich begann also zu lernen, und wie erwartet kamen mir immer wieder schlechte Gedanken. Die ersten Male schob ich die Versuchung erfolgreich zur Seite und machte mir bewusst, dass ich mir ja kurz vorher fest vorgenommen hatte, Gott treu zu bleiben und es nicht mehr zu tun. Außerdem hatte ich vor einiger Zeit angefangen, für jeden Tag ohne Rückschlag ein Kreuz in meinen Kalender zu machen, und jetzt hielt ich mir vor Augen, dass ich heute Abend unbedingt dieses Kreuz machen möchte. Doch irgendwann schaltete ich bewusst alle Argumente, die für die Treue und gegen die Sünde sprachen, aus und gab der Versuchung nach.

Danach fühlte ich mich schmutzig, dreckig, einfach eklig, und stellte wieder einmal fest, dass es sich nicht gelohnt hatte und dass der kurze Genuss diesen hohen Preis einfach nicht wert ist. Ich ging auf die Knie und sagte Gott, wie schon so oft, dass es mir leidtat, dass ich das alles nicht mehr wollte, und flehte ihn an, mich zu befreien und mir Kraft für den Kampf zu geben. Doch im gleichen Moment fragte ich mich: ›Herr, kannst du mir überhaupt noch vergeben?‹ Ich musste mich zwingen, zu glauben, ohne zu fühlen, und ging zurück an die Arbeit. Dankbar für die Vergebung kann ich erst Stunden später sein, weil das Schamgefühl jeden Funken Dankbarkeit sofort erstickt und nicht selten den ganzen Tag im Rückblick ziemlich düster aussehen lässt.«

19.02.2018

»Danke, Herr, dass du mir an jedem siegreichen Tag zeigst, wie sehr es sich lohnt, dir treu zu sein! Danke, dass du mich mit Freude füllst, die nichts und niemand sonst schenken kann. Mein Wunsch ist, dass du mich veränderst, sodass ich dir immer ähnlicher werde und du mich gebrauchen kannst.«

Was für eine großartige Möglichkeit haben wir, die einzelnen Glieder der Gemeinde in ihren schweren Kämpfen zu unterstützen, damit **»der ganze Leib das Wachstum Gottes wächst«** (Kolosser 2,19)!

Möge Gott uns alle immer mehr verändern – zu seiner Ehre!

I am not what I ought to be,
I am not what I want to be,
I am not what I hope
to be in another world;

but still I am not
what I once used to be,
and by the grace of God
I am what I am.

John Newton[50]

Ich bin nicht so,
wie ich sein sollte,
ich bin nicht der,
der ich sein möchte,
ich bin nicht das,
was ich in einer anderen Welt
zu sein hoffe.

Aber doch bin ich nicht mehr so,
wie ich früher für lange Zeit
gewesen bin,
und durch Gottes Gnade
bin ich, was ich bin.[51]